l'ABCdaire

de

Léonard de Vinci

Renaud Temperini

En témoignage de mon admiration infinie et de ma profonde reconnaissance, je dédie ce livre à Carlo Maria Giulini.

Flammarion

Léonard de Vinci raconté 7

Formation et première période
florentine   7

Première période milanaise   10

Seconde période florentine   14

Seconde période milanaise   18

Rome et Amboise   20

L'abécédaire   25

Annexes
- Chronologie   116
- Bibliographie   117
- Index   118

L'abécédaire

Il se compose des notices suivantes, classées par ordre alphabétique.
À chacune d'elles est associée une couleur qui indique sa nature :

■ Œuvres

Adoration des Mages
Annonciation (Florence)
Annonciation (Louvre)
Bacchus-Saint Jean-Baptiste
Baptême du Christ
Belle Ferronnière
Carton de Burlington House
Cène
Dame à l'hermine

Échevelée
Joconde
Madone Benois
Madone Dreyfus
Portrait d'Isabelle d'Este
Portrait d'un musicien
Portrait de Ginevra Benci
Saint Jean-Baptiste
Saint Jérôme

Sainte Anne, la Vierge,
  l'Enfant et l'agneau
Sala delle Asse
Vierge à l'œillet
Vierge aux rochers
  (première version, Louvre)
Vierge aux rochers
  (seconde version, Londres)

■ Écrits, pensée et technique

Anatomie et physiognomonie
Architecture
Art et science
Atelier
Beauté
Codex Arundel
Codex Atlanticus
Codex Forster
Codex Hammer
Codex Trivulziano
Créations éphémères

Critique
Dessin
Énigmes
Espace et lumière
Fables
Facéties
Manuscrit de Turin
Manuscrits
Manuscrits de l'Institut
Manuscrits de Madrid
Manuscrits de Windsor

Néoplatonisme
Paragone
Peintre (Statut du)
Personnalité
Sculpture
Tableaux imaginaires
Taches colorées
Théorie
Traité de la peinture

■ Contexte historique

Anonimo Gaddiano
Boltraffio (Giovanni Antonio)
Bramante (Donato)
Cesare da Sesto
De Predis (Frères)
Florence
Fortune critique

France
François Iᵉʳ
Influence
Jove (Paolo)
Lomazzo (Giovanni Paolo)
Luini (Bernardino)
Melzi (Francesco)

Milan
Rome
Solario (Andrea)
Vasari (Giorgio)
Venise
Verrocchio (Andrea)

Au fil de ces notices, et grâce aux renvois signalés par les astérisques,
le lecteur voyage comme il lui plaît dans l'abécédaire.

I. Formation et première période florentine

Fils illégitime du notaire Ser Piero da Vinci et d'une certaine Caterina, Léonard naît en 1452 dans le petit village d'Anchiano, près de Vinci. Il semble avoir manifesté très jeune la diversité de ses talents. Vasari* rapporte que « s'étant mis quelques mois aux mathématiques, il y fit tant de progrès qu'il embarrassait souvent son maître en soulevant sans cesse des questions difficiles. Il cultiva quelque peu la musique et ne tarda pas, comme il convient à un esprit naturellement élevé et charmant, à apprendre l'art du luth. Malgré tant de curiosités variées, il ne cessa jamais de pratiquer le dessin* et la sculpture* ; c'était ce qui convenait mieux que tout à son imagination. Ser Piero vit tout cela, comprit la force du génie de son fils, prit un jour quelques-uns de ses dessins et les porta à son excellent ami, Andrea Verrocchio*, en le priant instamment de lui dire si Léonard aurait intérêt à s'adonner au dessin. Andrea fut émerveillé par des débuts si prometteurs et encouragea Piero à le faire étudier. Piero décida donc de placer Léonard dans l'atelier d'Andrea ».

L'éducation qu'il y reçut fut en substance la même que celle impartie à tous les jeunes élèves de Verrocchio : la préparation des pigments, l'apprentissage du dessin et de la perspective, le modelé de l'argile ou la fonte du bronze, la copie, dans des cahiers, de répertoires de motifs définis par le maître, mais aussi d'après le modèle vivant, en furent les

Léonard de Vinci, *Deux cavaliers*, pointe de métal. Cambridge, Fitzwilliam Museum.

Léonard de Vinci, étude pour l'ange de la *Vierge aux rochers*, 1483, pointe d'argent et rehauts de blanc sur papier crème, 18,1 x 15,9 cm. Turin, Biblioteca Reale.

ingrédients essentiels. Léonard semble en revanche ne pas avoir eu l'occasion d'apprendre la technique de la fresque et avoir assez vite dédaigné celle de la *tempera*, traditionnellement employée dans les ateliers florentins au XVe siècle, au profit de la peinture à l'huile, d'invention flamande, dont il appréciait la souplesse, la luminosité, les effets de transparence et la finesse du rendu atmosphérique. Il faut enfin remarquer que, contrairement à Verrocchio lui-même et à beaucoup de ses disciples, il ne reçut jamais de formation d'orfèvre et apprit directement la peinture et la sculpture, ce qui explique peut-être qu'il n'ait jamais été très sensible à l'aspect manuel de l'art et au « métier », insistant au contraire très tôt sur ses aspects intellectuels (voir Théorie).

Léonard de Vinci, *Paysage de Santa Maria della Neve*, 1473, plume et encre sur papier, 19,6 x 28 cm. Florence, Galleria degli Uffizi, Gabinetto Disegni e Stampe.

Bien qu'il ait été inscrit dès 1472 comme artiste indépendant à la Compagnia di San Luca, la corporation des peintres de Florence*, Léonard resta au moins jusqu'en 1476 dans l'atelier de Verrocchio. Il devint sans doute son principal assistant, responsable des tableaux commandés à son maître. Vasari raconte en effet que Verrocchio, après avoir vu les ajouts de Léonard au *Baptême du Christ**, renonça à la peinture, pour se consacrer exclusivement à la sculpture. Même si elle n'est pas entièrement exacte, l'anecdote reflète selon toute probabilité la répartition des tâches entre les deux artistes.

La plus ancienne œuvre connue de Léonard est le *Paysage de Santa Maria della Neve* (Florence, Galleria degli Uffizi), un dessin qui porte la mention autographe du jour où il fut réalisé, le 5 août 1473, et exprime une sensibilité nouvelle pour les valeurs luministes. La production peinte des années 1470, qui se caractérise avant tout par sa délicatesse et son intimisme, comprend essentiellement des tableaux religieux (la *Madone Dreyfus**, la *Vierge à l'œillet**, l'*Annonciation**, la *Madone Benois**), auxquels s'ajoute le *Portrait de Ginevra Benci**, qui présentent tous des affinités avec le style de Verrocchio ou celui de ses meilleurs élèves, tel Lorenzo di Credi, mais où la personnalité* de Léonard est déjà prédominante.

Sa première commande autonome lui est passée en 1478 ; elle concerne un retable pour la chapelle de San Bernardo au palais de la Seigneurie, qu'il n'achèvera jamais et qui sera finalement confiée à Filippino Lippi. Au tout début des années 1480, un important changement stylistique apparaît avec *Saint Jérôme** et l'*Adoration des Mages**. Élargissant et approfondissant la gamme des émotions qu'il décrit ou qu'il cherche à susciter, Léonard y démontre qu'il a fouillé minutieusement les complexités de la nature humaine, tant du point de vue anatomique que psychologique (voir Anatomie et physiognomonie). Il cherche la vérité visuelle, mais aussi la vérité narrative, à travers un retour aux sources (la Bible et les Pères de l'Église) qui le rapproche des humanistes florentins, tout en résultant d'un cheminement intellectuel éminemment personnel.

II. Première période milanaise (1482-1499)

En 1482, Léonard se rend à Milan*, envoyé officiellement par Laurent le Magnifique pour offrir une lyre en or à Ludovico Sforza, duc de Lombardie. Il y restera dix-huit ans, au cours desquels il se verra confier les fonctions les plus prestigieuses et les plus diverses : peintre, sculpteur, architecte, urbaniste, ingénieur civil et militaire, organisateur de cérémonies officielles et de divertissements… Il lui arrivera d'ailleurs de se plaindre du nombre excessif des tâches qui lui sont confiées ou du peu d'intérêt de plusieurs d'entre elles.

Le premier tableau auquel il travaille est la *Vierge aux rochers**, une composition d'une grande complexité, qui développe des conceptions esthétiques esquissées, mais pas totalement portées à terme, lors de la période florentine. L'œuvre sera pendant vingt-cinq ans au cœur d'une querelle entre l'artiste et ses commanditaires, la Confraternita dell'Immacolata Concezione ; malgré la réapparition de nombreux documents d'archives, les circonstances précises du différend n'ont pu être entièrement élucidées.

Très vite, Léonard ouvre un atelier* accueillant élèves et collaborateurs tels que les frères De Predis*, Giovanni Antonio Boltraffio*,

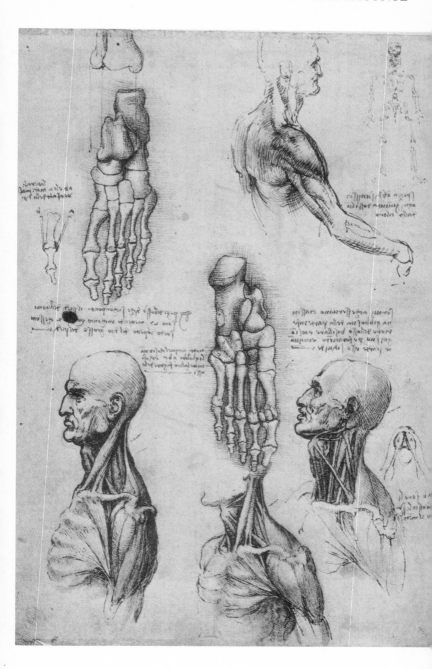

Léonard de Vinci, « études anatomiques : os du pied, muscles et tendons du cou et des épaules »,
dans *Atlas d'études anatomiques*, fol. 134v., plume, encre brune, craie noire.
Windsor Castle, Royal Library.

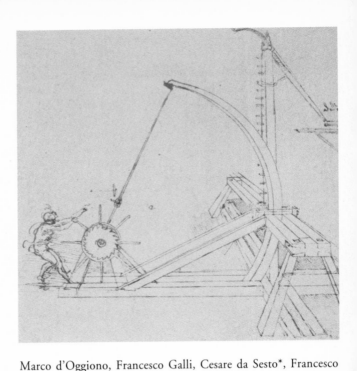

Marco d'Oggiono, Francesco Galli, Cesare da Sesto*, Francesco Melzi*, Andrea Solario*, Bernardino Luini*, Gian Giacomo Caprotti, dit Salaï, Giovanni Paolo Lomazzo*. Leur rôle exact dans la réalisation de ses peintures reste souvent difficile à déterminer ; la définition précise de leurs personnalités artistiques et l'établissement de leur catalogue offrent encore de nombreuses zones d'ombre.

Entre le milieu des années 1480 et le début des années 1490, Léonard renouvelle profondément l'art du portrait avec trois œuvres capitales, le *Portrait d'un musicien**, la *Dame à l'hermine* et la *Belle Ferronnière**. Quant à son projet de monument équestre en hommage à Francesco Sforza (voir Sculpture), le père de Ludovico, ses proportions ambitieuses lui valurent rapidement le surnom de *colosso*. Dans le domaine scientifique, les carnets de Léonard nous le montrent fier de n'avoir pas été nourri de connaissances purement livresques, de sa connaissance expérimentale des phénomènes naturels, de sa croyance en la valeur universelle de la raison (voir Art et science). Les mathématiques, et plus spécialement la géométrie, occupent de plus en plus sa pensée, surtout après l'arrivée à Milan, en 1496, de Luca Pacioli, qui l'initie à l'étude des polyèdres. Dans son exploration de l'anatomie* humaine, il cherche à comprendre non seulement le fonctionnement physiologique du corps, mais aussi son essence intime. On note souvent une part de rêverie visionnaire dans ses inventions technologiques, par exemple sa machine volante (voir Manuscrit de Turin), son submersible ou ses machines de guerre.

Concernant l'architecture* et l'urbanisme, il fonde toujours ses projets, en particulier celui de restructuration et d'expansion de Milan, auquel il collabore avec Bramante*, sur une synthèse de critères rationnels d'organisation, d'exigences fonctionnelles, de valeurs esthétiques et de significations symboliques.

L'art des créations éphémères*, du théâtre et de la fête, lui offre l'occasion de tester ses inventions mécaniques, ses automates et ses machineries scéniques, tout en donnant libre cours à son goût pour les facéties* et les trouvailles brillantes. Un esprit analogue anime ses magnifiques dessins* d'horloges et de métiers à tisser, qui ont la minutie d'une dissection anatomique et sont souvent prétextes à des recherches sur la statique et la dynamique des poids, sur les lois du repos et du mouvement, en un perpétuel et vertigineux va-et-vient du particulier à l'universel.

Léonard ne perd cependant jamais de vue que ses investigations techniques et scientifiques ont pour fin ultime la peinture. Lorsque Ludovico Sforza lui commande la fresque de la *Cène** pour le couvent de Santa Maria delle Grazie, dont il compte faire un mausolée en l'honneur de sa famille, il lui offre l'occasion de concentrer en une seule œuvre la totalité des expériences scientifiques et artistiques menées depuis ses premiers essais florentins. Elle eut un succès immédiat et

Léonard de Vinci, *Sujet allégorique*, plume, encre brune et traits à la sanguine sur papier beige. Bayonne, musée Bonnat.

durable auprès des contemporains et suscitera la convoitise des rois et des empereurs : Louis XII, François Ier*, plus tard Napoléon, chercheront en vain à faire transporter en France* le mur sur lequel elle est peinte.

De 1495 à 1498, Léonard travaille, au Castello Sforzesco, à la décoration des Camerini, de la Saletta Negra et de la Sala delle Asse*. Il y prévoit un système complexe d'entrelacs végétaux, d'architectures feintes, d'allégories et d'emblèmes.

III. Seconde période florentine (1500-1508)

À la suite de la chute de Ludovico Sforza et de l'invasion de Milan* par les troupes de Louis XII, il quitte Milan en décembre 1499. Avant de retourner à Florence*, il séjourne quelque temps en Italie du Nord. À Mantoue, il travaille pour Isabelle d'Este, dont il trace un portrait au pastel ; elle essaiera souvent, par la suite, mais apparemment en vain, d'obtenir qu'il peigne d'autres tableaux pour elle.

À Venise*, où il ne reste que quelques mois au début de 1500, il exerce une influence* considérable sur les artistes de la jeune génération, au premier rang desquels Giorgione et Titien.

Il arrive à Florence en avril et y trouve une situation très différente de celle qu'il avait connue dix-huit ans plus tôt, les Médicis ayant été chassés au profit d'un gouvernement républicain, engagé dans une guerre interminable contre Pise à laquelle Léonard participera en qualité d'ingénieur.

Parmi ses multiples activités, il semble avoir privilégié vers cette époque celle de conseiller, aussi bien pour des projets architecturaux publics ou privés que pour des achats d'œuvres d'art. Les correspondants florentins d'Isabelle d'Este nous apprennent qu'il mène une existence « si instable et si incertaine qu'on dirait qu'il vit au jour le jour », qu'il « met parfois la main à des portraits que peignent deux de ses élèves », qu'il « travaille ardemment à la géométrie », mais qu'il est « excédé par le pinceau ».

Léonard de Vinci, *Faux et antichar*, plume et encre sur papier. Londres, British Museum.

Au printemps 1502, il entre au service de César Borgia, dont il suit les campagnes militaires en Émilie-Romagne, dans les Marches, en Ombrie et en Toscane, dessinant des relevés de fortifications et concevant de meurtrières machines de guerre. Toutes ses notes de voyage sont consignées dans le *Manuscrit L* de l'Institut de France (voir Manuscrits de l'Institut).

Dans le prolongement de recherches commencées en Lombardie, il affine sa science de l'aménagement du territoire et de l'hydrologie, avec notamment un ambitieux plan de déviation du cours de l'Arno, aux implications militaires, agricoles et commerciales ; les travaux débuteront en août 1504, mais l'entreprise s'achèvera sur un retentissant échec.

En octobre 1503, Léonard reçoit du gouvernement florentin la commande d'une peinture murale sur le thème de la *Bataille d'Anghiari*, pour la nouvelle salle du Grand Conseil du palais de la Seigneurie ; sur le mur opposé de la même pièce, Michel-Ange, avec qui il entretient de très mauvais rapports personnels, travaille à la *Bataille de Cascina*. La salle sera entièrement redécorée par Vasari* dans les années 1550 et les seules traces visuelles qui nous restent de la *Bataille d'Anghiari* sont des dessins* préparatoires et des copies anciennes. La tradition veut qu'une partie de l'œuvre, pour laquelle Léonard avait écarté la technique traditionnelle de la fresque au profit d'une méthode de son invention, ait été endommagée à cause d'une expérience malheureuse : des torches placées près de la paroi pour faire sécher la matière picturale auraient provoqué la désagrégation des couleurs.

Léonard de Vinci, étude pour la *Bataille d'Anghiari*, vers 1504-1506, plume et encre sur papier, 16,5 x 15,3 cm. Venise, Gallerie dell'Accademia.

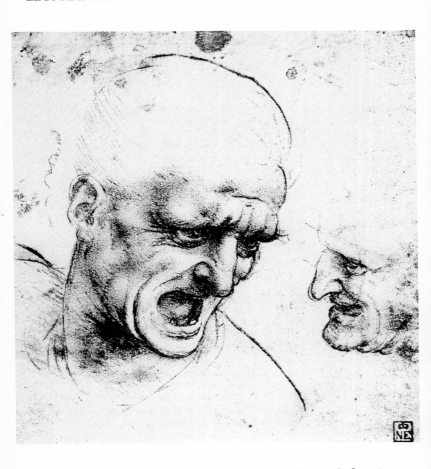

Léonard de Vinci, étude pour la *Bataille d'Anghiari*, vers 1504-1506, pointe de métal, encre brune, craie. Budapest, Szepmüvészeti Muzeum.

La production picturale datant de la seconde période florentine comprend également le *Carton de Burlington House**, la *Joconde** et l'*Échevelée**, à quoi il faut ajouter une *Léda et le cygne* perdue, mais connue par des études préparatoires, des versions d'atelier* et de nombreuses copies, dont l'une, dessinée, due à Raphaël (Windsor Castle, Royal Library).

À partir de 1505, Léonard fait l'objet de tractations intenses entre le gouvernement français et celui de Florence, chacun voulant s'attacher ses services de manière stable et surtout lui faire terminer les peintures déjà commencées. Commence alors pour lui une période de déplacements continuels entre la Toscane et la Lombardie.

IV. Seconde période milanaise (1508-1513)

En septembre 1508, il abandonne définitivement Florence*. À Milan*, de nouveaux objets de réflexion et de recherches se présentent à lui. Ses manuscrits* montrent que l'optique (voir Espace et lumière) est au

cœur de ses préoccupations et qu'il cherche à découvrir dans toute leur minutie les lois scientifiques régissant le phénomène de la vision. L'astronomie, la géologie, l'hydraulique et l'étude du vol des oiseaux ne sont cependant pas oubliées et l'eau, comme en témoigne le *Codex Hammer**, continue d'alimenter des réflexions presque obsédantes. Il réalise ainsi une véritable cartographie hydraulique du territoire lombard, pour lequel il conçoit d'audacieuses constructions de digues et de canaux couverts, visant par exemple à rendre l'Adda navigable.

La mécanique des forces, des poids, du mouvement et de l'inertie l'amène à percevoir dans l'équilibre de l'univers une harmonie de proportions qu'il s'efforce d'appliquer à tous les arts, de la musique à la peinture, de la sculpture* à l'architecture*.

Il conçoit pour Charles d'Amboise un projet de villa et de parc, où il multiplie les effets spectaculaires et les jeux d'eau (des fontaines aux mécanismes sophistiqués, des moulins hydrauliques actionnant des

Léonard de Vinci, étude pour *Leda et le cygne*, 1513-1516, plume et encre sur papier. Windsor Castle, Royal Library.

instruments de musique et une colossale horloge à automate), ainsi que les inventions mêlant nature et artifice, avec entre autres un treillis de cuivre presque invisible retenant toutes sortes d'oiseaux.

À Milan même, il travaille à un monument funéraire, jamais réalisé, mais connu par de nombreux dessins* préparatoires, en hommage à Gian Giacomo Trivulzio (un condottiere italien ayant servi le roi de France), où l'on a souvent remarqué des analogies avec le tombeau de Jules II conçu par Michel-Ange à Rome*.

Aux alentours de 1510, Léonard entreprend une série d'études anatomiques résultant d'un processus analytique très poussé ; afin de s'approcher le plus possible d'une description tridimensionnelle, il multiplie les points de vue sur un même muscle ou un même organe, conjuguant la précision du vivisecteur à l'incomparable qualité figurative de l'artiste.

La production picturale du second séjour milanais est moins abondante que celle du premier. Elle inclut avant tout des œuvres auxquelles il continuera à travailler après avoir quitté la capitale lombarde, en particulier *Saint Jean-Baptiste**, *Sainte Anne**, et *Bacchus-Saint Jean-Baptiste**.

V. Rome et Amboise (1513-1519)

En 1513, les Français sont chassés de Milan* par l'arrivée au pouvoir de Massimiliano Sforza, le fils de Ludovico. Malgré ses liens passés avec les Sforza, Léonard est considéré comme trop lié au roi de France et se réfugie à Rome*, où il est accueilli par son nouveau protecteur, le cardinal Giuliano dei Medici, qui lui installe un atelier* au Belvédère du Vatican. Il y retrouve le musicien Atalante Migliorotti, à l'époque intendant du chantier de la nouvelle basilique Saint-Pierre, ainsi que de nombreux amis et disciples, comme Bramante* ou Cesare da Sesto*.

L'étude des ruines antiques l'occupe beaucoup et il manifeste un intérêt particulier pour la statuaire, dont on retrouve les traces dans des œuvres telles que le *Carton de Burlington House** ou la *Sainte Anne** du Louvre. Parallèlement, il poursuit ses recherches esthétiques, scientifiques et techniques, avec entre autres des études de machines pour battre la monnaie ou travailler les métaux. Il dessine d'impressionnantes feuilles consacrées à la géométrie dans l'espace et à ses applications mécaniques, dans de complexes emboîtements de volumes dont la sophistication l'enthousiasme.

Sur un registre plus léger, il divertit ses hôtes par des jeux de cour employant souvent des animaux ; Vasari* raconte par exemple qu'il

« déguisa » un lézard vivant en monstre avec du vif argent et des écailles. Il rapporte aussi qu'il s'amusait à modeler dans de la cire des figurines d'animaux, qu'il faisait ensuite voler en soufflant dedans. Même ces passe-temps apparemment frivoles sont mis à profit pour l'approfondissement de ses investigations théoriques et leur contrôle expérimental : une paille à faire des bulles de savon lui sert à vérifier certaines règles de mécanique des fluides.

Bien qu'il réside principalement à Rome, Léonard fait quelques voyages en Italie du Nord et du Centre : en 1514, il accompagne Giuliano dei Medici, nommé lieutenant général des armées pontifi-

Léonard de Vinci, étude pour *Sainte Anne, la Vierge et l'Enfant*, plume et encre sur papier. Venise, Gallerie dell'Accademia.

éonard
de Vinci,
« Technique
d'échelle
d'assaut »,
(détail)
dans *Codex
Atlanticus*,
fol. 49v.
Milan,
Biblioteca
Ambrosiana.

cales, dans une tournée d'inspection en Romagne ; à Florence*, il dresse les plans pour un nouveau palais Médicis ; en 1515, il fait à Bologne la connaissance de François Ier*.

Plusieurs notes datant de 1516 laissent clairement entrevoir qu'il traverse des moments de crise et de découragement. Il se plaint de ses assistants Giorgio Tedesco et Giovanni degli Specchi, qu'il accuse de négligence et d'espionnage. Soupçonné de disséquer des cadavres pour ses travaux d'anatomie*, il voit se détériorer ses rapports avec le pape. Il écrit avec amertume : « Les Médicis [les médecins ? le mot est le même en italien] m'ont créé et m'ont détruit. » (*Codex Atlanticus**, 159 r.)

Après la mort de Louis XII (1514) et de Giuliano dei Medici (1516), il trouve heureusement un nouveau mécène en la personne de François Ier. En 1516, il devient premier peintre du roi et l'hôte du château de Cloux, près d'Amboise, où il passera le reste de ses jours.

Il reprend à l'occasion ses activités théâtrales et réédite quelques-unes de ses créations éphémères* les plus audacieuses, comme le *Lion mécanique*, pour la fête donnée le 17 juin 1518 en l'honneur du souverain.

En sa qualité d'ingénieur et architecte du roi, il conçoit un projet grandiose de résidence royale à Romorantin (voir Architecture), qui ne verra jamais le jour, mais dont la rationalité de conception dut fortement impressionner les architectes français de l'époque.

En octobre 1517, Léonard reçoit la visite du cardinal Luigi d'Aragona, dont le secrétaire, Antonio De Beatis, note dans ses carnets des informations précieuses sur la quantité et l'importance des manuscrits* du maître, qui songe à en assurer la mise au net systématique et la publication (elle ne viendra malheureusement jamais), sur sa santé défaillante (il souffre d'une « paralysie de la main droite »), et surtout sur ses travaux artistiques : il continue à dessiner, en particulier d'impressionnantes scènes de déluge (Windsor Castle, Royal Library), et à enseigner (Francesco Melzi* « travaille assez bien »).

L'activité picturale de Léonard en France* demeure plus difficile à cerner. De Beatis parle spécifiquement de trois tableaux qu'il a vus dans son atelier ; on les identifie traditionnellement avec des œuvres emportées d'Italie encore inachevées et aujourd'hui au Louvre (la *Joconde**, le *Saint Jean-Baptiste** et la *Sainte Anne*), mais il s'agissait peut-être de réalisations aujourd'hui perdues. Par ailleurs, Vasari mentionne un carton de *Sainte Anne*, que François Ier aurait souhaité voir « colorier », et Lomazzo* parle d'une *Pomone riante*, elle aussi exécutée pour le roi. Tous ces indices rendent vraisemblable l'hypothèse selon laquelle Léonard ne se serait pas contenté, lors de sa période française, de poursuivre des travaux commencés en Italie, mais se serait aussi consacré à de nouvelles créations.

Il meurt au Clos-Lucé le 2 mai 1519, peut-être en présence du roi qui, à en croire Benvenuto Cellini, « était tombé amoureux de ses grandes vertus et prenait un si grand plaisir à l'entendre converser qu'il passait chez lui plusieurs jours de l'année ».

Jean-Auguste Dominique Ingres, *La Mort de Léonard de Vinci*, plume, encre brune, lavis brun, mine de plomb, v. 1818. Paris, musée du Louvre, département des Arts graphiques.

■ Adoration des Mages

Commandée en 1481 par les moines du couvent de San Donato à Scopeto, l'*Adoration des Mages* (Florence, Galleria degli Uffizi), qui n'a jamais vu son attribution sérieusement mise en doute, fut laissée inachevée par Léonard au moment de son départ de Florence* pour Milan*, en 1482 ; elle n'en constitue pas moins le sommet de sa période de jeunesse. Il y renouvelle en profondeur les canons figuratifs d'une scène très souvent abordée par les artistes florentins du XVe siècle. La modernité du tableau réside dans l'articulation complexe et dynamique de la mise en page, qui décrit une sorte de tourbillon d'actions et de gestes autour de la figure centrale de la Vierge à l'Enfant, et dans la tension dramatique qui en découle. Aucun personnage n'est représenté de manière statique, hormis Marie et les deux figures qui bordent de part et d'autre la composition au premier plan. Léonard a obtenu un tel effet à partir d'une longue série d'études préparatoires dessinées, où il définit progressivement la structure d'ensemble, puis chaque détail, chaque figure, chaque attitude, chaque geste. Elles montrent, d'une part, qu'il a assimilé et réinterprété les peintures et sculptures de ses contemporains, d'autre part, qu'il connaissait déjà bien la statuaire antique et le rôle fondamental qu'y jouent la lumière et le clair-obscur dans l'émergence ou le retrait des volumes. Dans le tableau final, il trouve de prodigieuses nuances de couleurs grâce à d'imperceptibles variations de tons. Le tracé du pinceau, teinté de bistre, de brun

rosé et de noir, révèle une maîtrise extraordinaire, de même que le jeu des formes surgissant en pleine lumière des profondeurs de l'ombre ; les glacis et les vernis fondent et amalgament, comme la patine colorée d'un bas-relief, les ébauches, les repentirs et les repassages. Des traits de peinture noire délimitent le contour des figures les plus proches de la Vierge, disposées en hémicycle. L'arrière-plan, où la couche préparatoire n'a pas été recouverte, symbolise un éloignement à la fois spatial et temporel ; on y voit une scène antérieure à l'épisode représenté, celle où les Mages et leurs adeptes s'emploient à bâtir des architectures toujours plus hautes, d'où ils pourront observer l'arrivée de la comète qui les guidera vers le Messie.

Léonard de Vinci,
L'Adoration des mages, v. 1481-1482,
huile sur bois, 243 x 246 cm.
Florence, Galleria degli Uffizi.
Étude pour *L'Adoration des bergers,*
plume, encre brune, traits à la pointe
de métal, papier préparé rose pâle.
Bayonne, musée Bonnat.

Léonard de Vinci,
études d'anatomie
dans *Manuscrit
de Windsor*,
fol. 137v.
Windsor Castle,
Royal Library.

▮ Anatomie et physiognomonie

La représentation de la figure humaine est pour Léonard l'un des objets essentiels de la peinture ; son ambition consiste à aller beaucoup plus loin qu'on ne l'a jamais fait dans la variété des expressions et dans la maîtrise des émotions, que le peintre doit pouvoir susciter à volonté. Les études d'anatomie et de physiognomonie, qu'il poursuivit pendant toute sa vie, s'inscrivent dans ce programme. La première étape vise à dépasser la connaissance purement livresque par la pratique méthodique des dissections ; elles permettent d'aboutir à une topographie anatomique, qui la plupart du temps suffisait aux artistes de l'époque. Pour Léonard, il ne s'agit que d'une propédeutique devant être complétée par une investigation des fonctions de chaque muscle et

Léonard de Vinci,
études d'anatomie
dans *Manuscrit
de Windsor*,
fol. 122r.
Windsor Castle,
Royal Library.

de chaque organe. Tous les éléments étudiés séparément servent ensuite à recomposer la totalité de l'organisme, avec parfois, par analogie, la substitution d'organes animaux aux organes humains n'ayant pu être connus directement. Enfin, Léonard s'intéresse aux diverses positions significatives du corps et du visage en mouvement, acquérant ainsi tout un registre de gestes et d'expressions, qu'il peut utiliser selon les exigences propres à chaque sujet traité : « Ce que l'on peut découvrir de plus important dans les réflexions sur la peinture, ce sont les mouvements appropriés aux états d'âme de chaque créature vivante. » (*Codex Urbinas*, 39 v.) Les innombrables caricatures dont il couvre les pages de ses manuscrits*, loin du simple divertissement, participent de la même volonté de trouver une traduction visuelle aux émotions les plus viscérales. La richesse et la variété expressives sont le fruit de cette méthode exigeante. On comprend ainsi pourquoi Léonard insiste tant sur la diversité infinie des types physiologiques et sur la multiplication de leurs nuances. Il n'oublie pas, en complément de ces recherches scientifiques, l'importance des vêtements, dont il dévoile les potentialités figuratives dans de splendides études de drapés. L'ultime règle à laquelle le peintre doive se soumettre est celle de la composition, autrement dit l'orchestration rigoureuse des figures : de même que chaque organe joue un rôle déterminé pour concourir au fonctionnement harmonieux du corps, chaque personnage doit occuper dans le tableau la place convenant le mieux à l'équilibre de l'ensemble.

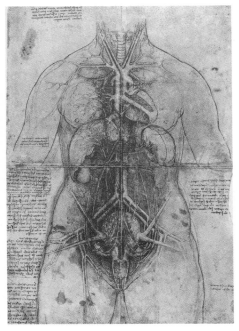

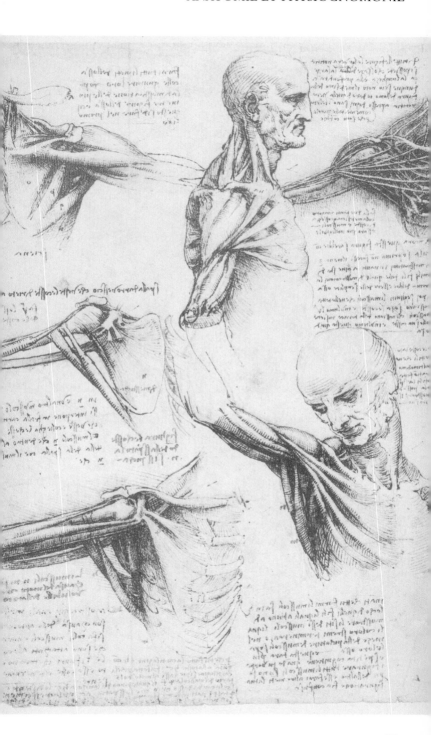

■ ANNONCIATION (FLORENCE)

Provenant de l'église San Bartolomeo à Monteoliveto et autrefois attribuée à Ghirlandaio, l'*Annonciation* de la Galleria degli Uffizi de Florence est désormais considérée comme une œuvre autographe par la grande majorité des critiques, qui la datent aux environs de 1472-1475. Il s'agit du premier exemple d'application, sur un tableau de grandes dimensions, des procédés techniques mûris lors des réalisations précédentes. Les radiographies ont révélé un nombre considérable de repentirs, indices des difficultés rencontrées par Léonard dans la construction de l'espace et le rendu des anatomies*. Plusieurs détails trahissent encore l'enseignement de Verrocchio* : le lutrin de la Vierge, décrit avec une minutie analytique qui cisèle chaque motif ornemental, renvoie clairement au *Monument funéraire de Giovanni et Piero de' Medici* (Florence, église San Lorenzo) sculpté par son maître vers la même époque. Mais Léonard se montre déjà capable de dépasser les modèles offerts par ses prédécesseurs. Les visages de l'ange et de Marie reprennent pour mieux les transcender des typologies chères à Botticelli. La main droite de la Vierge et les guirlandes du socle en marbre du lutrin laissent apparaître les empreintes digitales du peintre, trace d'un modelage final directement à la main, déjà expérimenté dans le *Portrait de Ginevra Benci**, qui remet en cause la conception florentine de la peinture fondée sur le dessin. L'ample

Leonard de Vinci, *L'Annonciation*, v. 1472-1475, huile et tempera sur bois, 98 x 217 cm. Florence, Galleria degli Uffizi.

paysage à l'arrière-plan, où les bateaux et le port fluvial attestent une présence humaine très rare dans les représentations léonardesques de la nature, fait aboutir les lignes de fuite de la perspective sur les pics neigeux de hautes montagnes se découpant dans le bleu pâle du ciel. La composition d'ensemble, ordonnée autour du rideau d'arbres sombres, du parapet de pierre et des murs extérieurs d'une villa toscane qui rappelle les créations de Michelozzo, est d'une absolue simplicité, qui met d'autant plus en valeur l'intensité du dialogue entre les protagonistes de la scène. Renouvelant une thématique très souvent abordée par les peintres italiens du xve siècle, Léonard atteint un équilibre parfait entre la mise en scène d'une rencontre spirituelle d'inspiration autant néoplatonicienne* que chrétienne et la précision optique de la description du monde visible : la reprise de motifs dérivés de l'architecture* et de la sculpture* florentines de l'époque renvoyant eux-mêmes, en conformité avec les préceptes humanistes, à l'art de l'Antiquité, va en effet de pair avec une étude passionnée du rendu des moindres détails, tels le tapis d'herbes et de fleurs au premier plan ou les somptueuses draperies aux plis cassants et légers.

Léonard de Vinci,
L'Annonciation,
tempera sur bois,
16 x 60 cm.
Paris, musée du
Louvre.

■ Annonciation (Louvre)

La petite *Annonciation* du Louvre constitue peut-être l'un des éléments de la prédelle du retable commandé à Verrocchio*, mais presque entièrement dû à Lorenzo di Credi, pour la cathédrale de Pistoia. Malgré les incontestables faiblesses de son exécution, la qualité des draperies et des visages a conduit plusieurs critiques à y voir une œuvre au moins en partie autographe, d'autant plus qu'elle peut être mise en relation avec une étude préparatoire dessinée (Florence, Galleria degli Uffizi, inv. 428 Er). Parallèlement aux élégances sophistiquées de Verrocchio et à sa minutie d'orfèvre, on y retrouve des têtes inclinées et pensives, des effets de lumière modelant les volumes et de vibrants clairs-obscurs déjà caractéristiques de Léonard. Malgré ses dimensions modestes, le tableau se fonde sur une structure assez complexe. L'articulation créée par le parapet en pierre (à gauche de la composition) est reprise en écho par les bancs en bois situés derrière la Vierge. Au sein de cet espace rigoureusement construit, les figures prennent place harmonieusement, en particulier celle de Marie, individualisée avec autant de cohérence que dans la version des Offices et qui exprime pleinement un type de beauté féminine cher à Léonard ; son vêtement est décrit dans une exquise gamme chromatique en camaïeu, fondée sur le contraste entre le bleu très foncé de sa robe et celui, plus clair, de son manteau. L'ange Gabriel témoigne lui aussi de recherches subtiles sur les matières et les couleurs, avec en particulier son avant-bras couvert d'un velours ocre et son manteau vermillon aux drapés délicats. Toute l'originalité de Léonard se manifeste dans le rendu du paysage à l'arrière-plan : les petits arbres bas se détachant à contre-jour sont très éloignés des jardins conventionnels que l'on retrouve dans la production courante de la même époque ; l'azur pâle du ciel reprend une tonalité accordée sur celle du manteau de la Vierge ; derrière les arbres, très estompés et comme noyés dans la brume, les sommets de hautes montagnes confondent leurs contours avec ceux des nuages.

■ Anonimo Gaddiano

Vers 1545, un compilateur toscan dont on ne sait absolument rien, connu sous le nom d'Anonimo Gaddiano, écrivit une *Vie de Léonard de Vinci*. De même que les autres biographes de l'artiste (voir Jove et Vasari), il semble fasciné par la multiplicité de ses talents : « Léonard de Vinci, citoyen florentin, bien que fils naturel de Ser Piero da Vinci, était par sa mère de noble origine. Il fut si exceptionnel et universel qu'on peut le dire né d'un miracle de la nature : non seulement elle voulut le doter des beautés du corps qui lui furent abondamment accordées, mais encore le mettre hors de pair dans une foule de qualités. Très fort en mathématiques et perspective (voir Espace et lumière), il pratiquait la sculpture* et dépassa de loin tous les autres dans le dessin*. Il eut de très belles inventions, mais n'acheva pas de colorier beaucoup de tableaux, car il n'était jamais satisfait, et ses œuvres sont rares. Il parlait avec éloquence, jouait de la lyre d'une façon exceptionnelle et l'enseigna à Atalante Migliorotti. Il prenait intérêt et plaisir à la botanique, et il fut très fort pour l'artillerie, les jeux d'eau et autres inventions curieuses (voir Créations éphémères) ; son esprit ne connaissait jamais le repos, mais créait ingénieusement des inventions neuves. » Le texte nous apprend ensuite que « dans sa jeunesse, il fut employé par Laurent le Magnifique, qui le fit travailler pour son compte au jardin de la place Saint-Marc à Florence* ». Il s'agissait probablement de la restauration de statues antiques, nouvelle preuve de l'intérêt précoce de Léonard pour la sculpture. Le reste de cette courte notice biographique est malheureusement trop désordonné et trop plein d'inexactitudes pour pouvoir servir d'instrument de travail sérieux ; la liste qui clôt le texte est en revanche utile pour la reconstitution de l'historique des tableaux et la description de peintures ou de sculptures aujourd'hui perdues.

Léonard de Vinci, dessin d'église à plan centré, in *Manuscrit B*, vers 1487-1490. Paris, bibliothèque de l'Institut de France.

■ ARCHITECTURE

La question de l'apport de Léonard à l'architecture est aussi complexe que celle de son apport à la sculpture*. Bien qu'il n'ait probablement jamais construit quoi que ce soit, plusieurs documents et dessins* témoignent de projets, jamais réalisés, aussi séduisants qu'originaux. Dans sa lettre à Ludovico Sforza, il prétendait d'ailleurs être l'égal de n'importe quel autre architecte, aussi bien pour les bâtiments publics que pour les constructions privées. Ses projets architecturaux sont de deux ordres. Les premiers ont une finalité essentiellement pratique et consistent soit en la rénovation ou en l'achèvement de monuments déjà existants, soit en travaux d'architecture militaire. Les seconds relèvent plutôt de la théorie* et comprennent des plans pour des villes idéales et pour des catégories très variées de constructions. Ils comptent, avec ceux de Francesco di Giorgio Martini (dont Léonard possédait un manuscrit) et de Giuliano da Sangallo, parmi les plus anciens exemples de dessins architecturaux parvenus jusqu'à nous. Le principe fondamental des plans

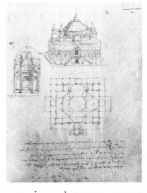

d'urbanisme de Léonard consiste à définir un schéma organique où canaux, rues et bâtiment concourent à définir un environnement à la fois harmonieux et favorable au développement des activités humaines, selon une stratification sociale hautement élaborée. L'ensemble le plus cohérent de ses dessins architecturaux est contenu dans deux manuscrits (*Codex B* et *Ashburnam I*, Paris, Institut de France), où des plans d'églises se présentent comme autant de variations sur les structures du plan central et du plan en croix latine. L'inventivité de Léonard comme architecte militaire donna ses meilleurs résultats lorsqu'il travaillait au service de César Borgia, en 1502-1503, avec des aménagements de fortifications et des idées de machines de guerre aussi sophistiquées que difficiles à réaliser. Ses idées les plus grandioses pour une structure résidentielle (voir Codex Arundel) datent de l'époque de son séjour en France*, mais ne purent malheureusement jamais être mises en œuvre.

■ ART ET SCIENCE

L e lien intime établi entre le savoir scientifiquement organisé et l'art de la peinture est au cœur de la pensée de Léonard. Pour lui, la nature ne peut être représentée dans ses manifestations visibles si elle n'est pas comprise dans ses causes cachées. Les déclarations de principe de ses manuscrits* font ainsi alterner la conviction qu'il faut adhérer aux apparences et l'invitation pressante à dépasser les phénomènes sensibles pour remonter aux lois qui les régissent, dans une exigence permanente d'accord entre la fidélité concrète de la représentation et la vérité abstraite de règles mathématiques. En d'autres termes, l'artiste se doit d'être un miroir de la nature, mais un miroir conscient, seul moyen pour lui d'échapper au double écueil du naturalisme terre-à-terre et de la sélection arbitraire. Dans ses carnets, Léonard se laisse volontiers prendre au défi d'une énumération infinie des composantes du monde visuel, aussi bien dans des listes que dans des séries de dessins*. Il obéissait sans doute en cela à une tendance que l'on retrouve également chez les écrivains de son temps, comme Politien et l'Arioste. Mais il n'en reste jamais là et tend toujours à substituer à la juxtaposition interminable des choses une classification rationnellement ordonnée, ne serait-ce qu'à travers la recherche d'un contraste, par exemple entre le délice et l'affreux, entre la suavité et l'horreur. Un autre principe d'ordre peut résider dans la présence des quatre éléments et dans le jeu de leurs propriétés respectives. Toutefois, le concept unificateur le plus subtil, et aussi le plus caché, est celui offert par les analogies secrètes entre les phénomènes naturels en apparence les plus disparates, comme la spirale d'un tourbillon d'eau et les boucles enchevêtrées d'une chevelure (voir par exemple *Saint Jean-Baptiste**), que seul le peintre est capable de percevoir parmi la luxuriance infinie du monde réel et de faire surgir sur la toile.

Léonard de Vinci, études d'anatomie, in *Manuscrit de Windsor*, fol. 177r. Windsor Castle, Royal Library.

« L'acquisition d'une connaissance, quelle qu'elle soit,
est toujours profitable à l'intellect, parce qu'elle lui permet de bannir
l'inutile et de conserver le bon. Car on se saurait rien aimer ou haïr
qui ne soit d'abord connu. »

(*Codex Atlanticus*, 226 v.)

▪ ATELIER

Lorsqu'il observe la nature dans un esprit purement analytique, Léonard y reconnaît un ensemble de phénomènes résultant de forces en perpétuelle action ; mais lorsqu'il se met au travail, il se retrouve confronté au défi consistant à suspendre le jeu de ces métamorphoses, à fixer le mouvant. Pour y parvenir, il définit dans ses textes une série de conditions idéales, qui ne sont plus tant déterminées par les exigences de la vérité scientifique que par celles de la représentation picturale : au moment où le savoir, dont la peinture constitue pour Léonard la forme suprême, se manifeste dans la réalisation d'un tableau concret, l'art doit être accepté comme l'instrument d'une fascinante et nécessaire illusion, que seul rend possible le long travail en atelier. Aucun aspect n'est laissé au hasard et les conseils donnés par Léonard dans ses notes préparatoires au *Traité de la peinture** sont extraordinairement minutieux : les dimensions, la disposition et l'éclairage de la pièce, le choix des matériaux, les artifices techniques et les procédés mécaniques, les méthodes à suivre, font ainsi l'objet de conseils détaillés. De tout cela se dégage l'impression d'un atelier ordonné à l'extrême, propre, silencieux et actif. Celui de Verrocchio* avait été l'un des premiers à introduire en Italie la technique de la peinture à l'huile, inventée par les Flamands, sans laquelle les expériences de Léonard sur les ombres transparentes, les glacis légers et le *sfumato* (voir Espace et lumière) n'auraient jamais été concevables. Leur importance est attestée par les témoignages anciens, en particulier celui de Vasari*, et par les analyses de tableaux en laboratoire, qui n'ont toutefois pas permis de percer tous les mystères des expérimentations du maître. Il faut d'ailleurs rappeler que son dédain pour les techniques traditionnelles et son besoin de les renouveler à tout prix lui ont coûté quelques échecs retentissants, comme celui de la *Bataille d'Anghiari* (perdue, mais connue par des esquisses et des copies). Enfin, l'organisation de son atelier, et plus particulièrement la participation de ses élèves à l'exécution de ses œuvres, reste mal connue.

▪ Bacchus-Saint Jean-Baptiste

À la mort de Léonard, son ami et élève Salaï hérite, entre autres, du tableau aujourd'hui connu sous le titre de *Bacchus-Saint Jean-Baptiste* (Paris, musée du Louvre). Vendu après 1525, il est vu un siècle plus tard à Fontainebleau par Cassiano dal Pozzo, qui le décrit comme un « Saint Jean au désert ». En 1695, il est répertorié dans les collections royales sous l'appellation « Bacchus dans un paysage » : tel qu'il se présente aujourd'hui, il ne laisse apparaître, mise à part la peau de panthère, aucun des attributs traditionnels du dieu de la mythologie antique (la couronne de vigne, la grappe de raisin, le thyrse), mais plusieurs copies anciennes en portent la trace ; toute la question est de savoir si ce sont des ajouts dus aux copistes ou si au contraire ils reflètent les intentions originaires de Léonard. La toile du Louvre est en tout cas l'une de ses œuvres les plus discutées ; l'hypothèse la plus probable est qu'il s'agit d'un original repeint et altéré à la suite de la disparition de l'artiste. Elle est généralement datée vers 1510-1515 et a donné lieu à une infinité de lectures psychologiques ou psychanalytiques, presque toutes centrées sur l'ambiguïté lascive exprimée par ce jeune homme à demi nu, ainsi qu'à des interprétations soulignant l'originalité de son iconographie. Contrairement à ce qui se passe dans la plupart des tableaux du

Léonard de Vinci,
Bacchus-Saint Jean-Baptiste,
v. 1510-1515,
tempera et
huile sur bois
transposées
sur toile,
117 x 115 cm.
Paris, musée du
Louvre.

XVe siècle, c'est ici le spectateur qui devient le destinataire direct du message dont le saint est porteur. La conjugaison de ces deux approches aboutit à faire du personnage représenté une sorte d'« ange du mal », cette impression étant d'ailleurs renforcée par les incertitudes qui continuent de peser sur son identification exacte. Qui plus est, l'état de conservation déplorable de la matière picturale et le nombre considérable de repeints rendent pratiquement impossible tout jugement sur sa qualité d'exécution.

■ Baptême du Christ

Emblématique de la complexité des relations entre Léonard et Verrocchio*, le *Baptême du Christ* (Florence, Galleria degli Uffizi) fut longtemps considéré comme une œuvre de jeunesse, mais les études les plus récentes tendent à la situer aux alentours de 1475-1478. À en croire Vasari*, Léonard serait intervenu sur une composition commencée par son maître, peignant l'ange au premier plan gauche, mais reprenant aussi en partie le paysage au fond à gauche et remaniant le corps du Christ. Ces éléments se différencient en effet nettement du reste du tableau ; la figure de saint Jean-Baptiste, très raide, n'a rien en commun avec celle de l'ange, au profil délicatement modelé par la lumière, qui se reflète aussi dans ses cheveux blonds ondulés ; le palmier rigide, d'aspect presque métallique, apparaît presque schématique si on le compare au vaste paysage qui s'ouvre derrière les deux anges. La peinture florentine du XVᵉ siècle était habituée à des vues de vallées ponctuées de cyprès et de peupliers stylisés avec élégance, où les formes naturelles ne servent qu'à mesurer un espace devant être habité par l'homme. Léonard porte sur la nature et sur la figure humaine un regard entièrement neuf, résultat de ses connaissances avancées dans le domaine de l'anatomie*, de sa maîtrise de la représentation du mouvement, de sa capacité à rendre les qualités propres à chaque matière grâce à de subtils effets d'éclairage, à traduire les divers sentiments éprouvés par les protagonistes de la scène. L'ange qu'il ajoute à la composition de son maître réconcilie deux aspects de la représentation de la figure humaine jusqu'alors séparés ou en tout cas mal unifiés chez les peintres italiens : la parfaite exactitude de la description physique et l'expression pleinement convaincante d'une situation psychologique et spirituelle. Une assimilation profonde du savoir scientifique disponible à l'époque (voir Art et science) vient ainsi se greffer sur l'harmonie des formes picturales, qui acquièrent du même coup une vitalité organique symbolisant l'union de l'esprit et de la matière.

■ Beauté

Dans aucun de ses textes théoriques, Léonard ne s'est risqué à tenter une définition, même sommaire, de la beauté. Car elle semble bien être pour lui le degré ultime atteint par une pensée non conceptuelle, celle de la peinture, mais qui intègre, par le mécanisme de la métaphore, et dépasse, à travers le jeu de l'ambiguïté, les apports de la pensée rationnelle ou scientifique. On sait avec quelle insistance il a affirmé l'existence d'une analogie entre le microcosme et le macrocosme. Cette correspondance devint peu à peu pour lui l'illustration d'une loi plus générale selon laquelle chaque forme n'est que l'instrument ou la trace d'une force de la nature en action. Il devient dès lors loisible au peintre de construire, toujours par analogie, des créatures imaginaires mais vraisemblables, puisque conçues à partir d'éléments directement observables dans le monde réel : « Tu sais qu'aucun animal ne peut être inventé qui n'ait des membres semblables, dont chacun ressemble à celui d'un autre animal ; donc, si tu veux qu'un animal imaginé par toi paraisse naturel – mettons que ce soit un dragon –, prends la tête d'un braque, et les yeux d'un chat, et les oreilles d'un porc-épic, et le nez d'un lévrier, les sourcils d'un lion, les tempes d'un vieux coq et le cou d'une tortue aquatique. » (*Manuscrit A*, Institut de France, 109 r.)

Léonard de Vinci et Andrea Verrocchio, *Le Baptême du Christ,* 1475-1478, huile sur toile, 180 x 151 cm. Florence, Galleria degli Uffizi.

Léonard de Vinci,
*La Vierge aux
rochers* (détail),
huile sur bois.
Paris, musée du
Louvre.

Toutefois, ces considérations perdent de leur importance au fur et à mesure que s'intensifie sa fascination pour la beauté qui naît de l'incertitude. La grâce d'un visage est par exemple obtenue à travers le jeu subtil de l'ombre et de la lumière : « Un haut degré de grâce est conféré par l'ombre et la lumière aux visages de ceux qui sont assis sur le seuil de demeures obscures de telle manière à ce que les yeux de l'observateur voient la partie sombre du visage envahie par l'ombre de cette demeure et la partie éclairée avivée par l'éclat de l'air. Par ce contraste accru d'ombre et de lumière, le visage acquiert un fort relief, avec dans la partie éclairée des ombres presque insensibles et dans les parties obscures des reflets presque insensibles aussi. Cette représentation, grâce à l'intensité accrue des sombres et des clairs, confère au visage une grande beauté. » (*Codex Urbinas*, 41 v., 42 r.) L'extinction des couleurs, la perte de netteté du dessin, de plus en plus fréquentes dans les œuvres tardives, sont le prix à payer pour l'obtention d'une beauté qui récuse l'évidence de la splendeur au profit du charme de l'énigme. En contrepartie, une telle attitude ouvrait la voie à une esthétique de l'inachèvement promise à des développements inattendus.

« *Qui ne chemine pas toujours dans la peur
subit mainte injure et souvent s'en repent.* »

(*Codex Atlanticus*, 170 r.)

■ BELLE FERRONNIERE

Le *Portrait de femme*, dit la *Belle Ferronnière* (Paris, musée du Louvre), sans doute peint aux alentours de 1490-1495, est le dernier portrait exécuté par Léonard au cours de son premier séjour milanais ; sa technique est sensiblement la même que celle employée pour le *Portrait d'un musicien** et la *Dame à l'hermine**. Son caractère autographe a cependant été contesté (on l'a parfois donné, en totalité ou en partie, à Boltraffio*), mais il semble désormais acquis qu'il s'agit bien d'un tableau du maître. Il représente un personnage dont l'identité demeure incertaine ; l'hypothèse selon laquelle il s'agirait de Lucrezia Crivelli, une des maîtresses de Ludovico Sforza, apparaît, en l'état actuel de nos connaissances, comme la plus raisonnable. La mise en page démontre l'influence persistante des portraits d'Antonello de Messine ; le parapet situé devant le modèle, présenté en buste face à un fond sombre, produit un efficace effet de profondeur. Toutefois, comme l'a fait remarquer Pietro Marani, Léonard accentue les volumétries sculpturales recherchées par son prédécesseur grâce à un procédé d'une extrême subtilité : l'impossibilité pour le spectateur de croiser le regard de la jeune femme le contraint à se déplacer constamment devant elle, ce qui lui donne l'impression de se trouver face à une sculpture dont il essaierait de faire le tour. On trouve là une nouvelle illustration du goût de Léonard pour la transposition sur une surface à deux dimensions de principes développés à la même époque dans son projet de monument équestre en hommage à Francesco Sforza (voir Sculpture). Le tableau du Louvre illustre également sa maîtrise des gradations subtiles de tonalités et des vibrations d'ombres et de lumières animant les clairs-obscurs, par exemple dans le reflet d'éclairage rosé sur le contour de la joue gauche, qui résulte de la réfraction, sur la partie inférieure du visage, des rayons lumineux venant frapper l'épaule et le velours rouge de la robe. On trouve ici l'aboutissement de recherches sur les ombres colorées, synthétisées dans un passage du *Traité de la peinture** : « Les reflets de la chair qui recouvrent la lumière d'une autre chair sont plus roses et de plus belle carnation que nulle autre. » Et la rondeur insolite du visage pourrait n'avoir été imaginée que pour mieux explorer le difficile problème d'une lumière colorée se reflétant sur un corps sphérique en partie plongé dans l'obscurité. Cela étant, toute cette virtuosité physico-mathématique aboutirait à des effets purement gratuits, si elle n'était mise au service d'une analyse psychologique de la plus pénétrante acuité.

Léonard de Vinci, *Portrait de femme*, dit *La Belle Ferronnière*, v. 1490-1495, huile sur bois, 62 x 44 cm. Paris, musée du Louvre.

■ Boltraffio (Giovanni Antonio)

Né dans une famille aisée de la bourgeoisie milanaise, Giovanni Antonio Boltraffio (1467-1516) fut probablement l'élève de Léonard au début des années 1490 ; vers 1491, les carnets de ce dernier mentionnent en effet un certain « Gian Antonio ». La leçon léonardesque est en tout cas évidente dès ses premières œuvres, où elle est cependant interprétée de manière très personnelle, comme dans le retable ayant pour thème la *Résurrection du Christ avec saint Léonard et sainte Lucie* (Berlin, Staatliche Museen), exécuté en collaboration avec Marco d'Oggiono : l'influence du maître toscan s'y conjugue à celles du Pérugin, des maîtres bolonais (en particulier Francesco Francia) et de peintres lombards tels que Bergognone, Bramantino et Solario*. L'ampleur et la variété des recherches de Boltraffio vers cette période rendent difficile l'établissement du catalogue de sa production de jeunesse ; l'attribution de nombreuses toiles est encore discutée par les spécialistes, qui les donnent parfois à des membres de l'atelier* ou à d'autres artistes milanais. Actif auprès de la cour de Ludovico Sforza, il y est surtout apprécié comme portraitiste et acquiert rapidement une prestigieuse renommée : en 1498, Isabelle d'Aragon, veuve de Gian Galeazzo Sforza, l'envoie à Mantoue pour copier le portrait de son frère Ferrante. En 1500, il est sans doute à Bologne, où il peint la *Pala Casio* (Paris, musée du Louvre) pour l'église de la Misericordia, sur commande du poète Gerolamo Casio, dont il avait réalisé un très beau portrait quelques années auparavant (Milan, Pinacoteca di Brera). Revenu à Milan* en 1502, il exécute une *Santa Barbara* (Berlin, Staatliche Museen) pour l'église de Santa Maria presso San Satiro ; l'année suivante, il fait partie de la commission chargée de juger les modèles pour une des portes de la cathédrale. Il est possible qu'il se soit rendu à Rome* en 1506, ce dont témoignerait la fresque représentant la *Vierge, l'Enfant Jésus et le donateur Francesco Cabanas* (Rome, église Sant'Onofrio), mais la paternité de cette œuvre demeure très discutée. En 1508, il peint le retable de la famille Bassano da Ponte (Budapest, Szépmüvészeti Muzeum) pour la cathédrale de Lodi. Parmi sa production tardive, il faut surtout signaler le *Buste du Christ* de la collection Crespi à Milan, le portrait supposé de *Costanza Bentivoglio* (Chatsworth), le *Jeune Homme à la flèche* de la collection de Lord Elgin en Écosse, le *Portrait de femme* de la Galleria Borghese de Rome, ainsi que plusieurs *Madones*, dont celle du Museo Poldi Pezzoli de Milan.

Giovanni Antonio Boltraffio, *La Vierge à l'Enfant et les saints Jean-Baptiste et Sébastien entre deux donateurs,* dite *Pala Casio,* v. 1500, huile sur toile. Paris, musée du Louvre.

■ Bramante (Donato)

Donato Bramante (1444-1514) acquit sa première formation artistique à Urbin, où il s'initia en outre aux jeux mathématiques sophistiqués en vogue à la cour des Montefeltro. À partir de 1477, on le retrouve en Lombardie, où il poursuit ses expériences sur la construction de l'espace ; elles aboutissent à une importante réalisation avec l'église Santa Maria presso San Satiro de Milan*, dont la construction commencera en 1482, autrement dit l'année même où Léonard arrive dans cette ville : la perspective n'y est plus conçue, contrairement à ce qui se passe chez les architectes toscans, comme un instrument rationnel de mesure, mais comme un procédé visuel ayant pour but de produire des effets illusionnistes. La même remarque est applicable aux œuvres picturales datant de son séjour milanais, en particulier les fresques connues sous le titre d'*Hommes d'armes* (Milan, Pinacoteca di Brera). Avec l'église Santa Maria delle Grazie, édifiée entre 1492 et 1497, il abandonne les facilités du trompe-l'œil au bénéfice d'une rigoureuse construction unitaire à plan central. Appelé à Rome* en 1500 par le pape Jules II, il s'y concentre sur la recherche de normes rationnelles à validité universelle, dont il tente une première application dans ses plans pour le couvent de Santa Maria della Pace (1500-1504). Surtout, il découvre la réalité concrète des monuments antiques, qu'il n'avait auparavant connus que par l'intermédiaire des traités théoriques et des gravures. Pour la nouvelle basilique Saint-Pierre voulue par Jules II, il conçoit un projet où une série de volumes monumentaux, sur le modèle des architectures romaines, s'emboîtent spectaculairement les uns dans les autres pour occuper le plus grand espace possible ; il sera finalement rejeté par le commanditaire, qui le jugea irréalisable. Avec le petit temple de San Pietro in Montorio, Bramante a la possibilité d'appliquer, à une échelle plus raisonnable, ses principes universalistes et de trouver un équilibre subtil entre la reprise d'un répertoire formel d'origine antique et la fidélité à la sacralité chrétienne de l'édifice. Les plans pour la cour du Belvédère, au palais du Vatican, laissée inachevée à sa mort, trahissent le retour à une conception de l'architecture laissant une large place aux trouvailles illusionnistes et aux effets théâtraux.

Donato Bramante, Tempietto, v. 1510. Rome, San Pietro in Montorio.

■ CARTON DE BURLINGTON HOUSE

L' attribution à Léonard de *Sainte Anne, la Vierge, l'Enfant Jésus et saint Jean-Baptiste enfant*, connu également sous le nom de *Carton de Burlington House* (Londres, National Gallery) est unanime, même si aucune peinture autographe n'en dérive ; Luini* le reprendra presque tel quel, y ajoutant toutefois le personnage de saint Joseph pour en faire une *Sainte Famille* (Milan, Pinacoteca Ambrosiana). Sa datation est en revanche plus discutée : la majeure partie de la critique italienne le situe vers 1501-1505, tandis que la plupart des chercheurs anglo-saxons le datent aux environs de 1506-1508. Si la première hypothèse est la bonne, il est possible que l'œuvre résulte d'une commande passée par Louis XII au moment de la conquête de Milan*, en 1499. En tout état de cause, elle trahit, par sa monumentalité sculpturale, une connaissance approfondie de la statuaire antique (en particulier les *Muses* autrefois à la Villa Adriana de Tivoli et aujourd'hui au Prado), sans doute acquise à l'occasion du séjour à Rome*. Il s'agit indéniablement d'une des œuvres les plus classicisantes de Léonard, ce qui explique peut-être qu'il ait fini par l'abandonner, car il est rare de rencontrer chez lui une scène d'une telle sérénité, d'un tel équilibre, sous lequel on ne perçoit le jeu d'aucune force naturelle, d'aucun antagonisme entre mouvements opposés. La disposition pyramidale de la mise en page, qui inspirera les *Madones* de la période florentine de Raphaël, la fluidité des drapés, l'aisance élégante des attitudes, accentuent cette impression. Le groupe de figures reprend en les modifiant celles de la *Vierge aux rochers**, dans le sens d'un naturalisme plus marqué ; il est conçu comme un bloc unitaire et stable, où chaque protagoniste semble en proie à un sentiment nuancé, mais toujours teinté de tristesse et finalement ambigu, ce qui a suscité de nombreuses querelles d'interprétation. On ne peut en tout cas qu'être frappé par le contraste entre la candeur presque somnolente du visage de la Vierge et l'expression empreinte d'ironie, soulignée par le pli des lèvres et la profondeur du regard, de sainte Anne, où certains commentateurs ont perçu un avertissement voilé, une allusion cryptée à la Passion du Christ. L'exploration incessante des émotions, des pensées et de leurs manifestations extérieures, y compris les plus insaisissables, rejoindrait ainsi les méditations de Léonard, dont on trouve plusieurs traces dans ses manuscrits*, sur la condition humaine et ses rapports avec le divin.

Léonard de Vinci, *Sainte Anne, la Vierge, l'Enfant Jésus et saint Jean-Baptiste enfant* (*Carton de Burlington House*), 1498-1500, fusain, blanc de plomb et estompe sur papier, 141,5 x 104 cm. Londres, National Gallery.

« *Le fer se rouille faute de s'en servir,*
l'eau stagnante perd sa pureté et se glace par le froid.
De même,
l'inaction sape la vigueur de l'esprit. »

(*Codex Atlanticus*, 289 v. c.)

■ CÈNE

Même si l'on a parfois émis l'hypothèse d'une collaboration d'élèves à sa réalisation, l'attribution de la *Cène* (Milan, couvent de Santa Maria delle Grazie) n'a jamais été contestée. La restauration récente (1978-1999) a en outre permis de retrouver plusieurs parties autographes, en particulier les traces des dernières finitions (or, laque violette, rehauts de blanc), d'une qualité exceptionnelle. L'exécution de l'œuvre s'étale entre 1494 et 1498, date à laquelle l'humaniste Luca Pacioli la dit achevée. Léonard n'a pas utilisé la technique traditionnelle de la fresque, mais celle de la *tempera*, avec quelques glacis à l'huile, sur deux couches de préparation, ce qui lui a permis de travailler à un rythme plus lent, conforme à ses habitudes, et surtout d'obtenir de splendides effets de transparences et de reflets. Il synthétise et transpose sur une échelle monumentale, sans doute en partie suggérée par les architectures de Bramante*, les recherches artistiques et scientifiques, menées tout au long de son premier séjour milanais, concernant la transposition picturale des principes de la mécanique, de l'anatomie*, de la physiognomonie et de l'optique (voir Espace et lumière). L'illusionnisme de la construction spatiale est obtenu d'une part grâce à l'application rigoureuse des lois de la perspective, conçue de façon à ce que l'espace fictif du tableau apparaisse comme le prolongement de l'espace réel du réfectoire, mais aussi par la distribution

Léonard de Vinci, *La Cène*, 1494-1498
(après restauration), tempera et huile sur
deux couches de préparation, 4,60 x 8,80 m.
Milan, Couvent Santa Maria delle Grazie.

des zones sombres et des zones claires, les figures des apôtres aux proportions monumentales étant fortement éclairées pour leur donner tout le relief possible. La répartition des ombres (dont sont explorées toutes les nuances : ombres primaires, ombres portées, ombres colorées…) donne au spectateur la sensation que la scène est éclairée uniquement par la lumière provenant des fenêtres de la pièce et des trois ouvertures à l'arrière-plan des architectures peintes. Avec un sens aigu de l'efficacité dramatique, Léonard concentre en un seul moment l'annonce par le Christ de la trahison de Judas et l'institution de l'Eucharistie ; les apôtres sont répartis par groupes de trois, selon une mise en page habilement calculée, qui joue des échos et des symétries, tout en évitant de jamais répéter exactement la même pose, et qui produit au total un sentiment de parfait naturel ; chaque personnage exprime, selon une nuance bien définie, sa réaction face à l'événement en train de se produire, avec des attitudes et des expressions toujours différentes. La composition pleine de mouvement et de vitalité, la beauté de certaines têtes, la multiplicité des morceaux de bravoure, comme la nature morte sur la table, ont très tôt nourri l'imaginaire d'autres grands artistes, parmi lesquels le Caravage.

■ Cesare da Sesto

On sait très peu de choses sur les débuts de Cesare da Sesto (vers 1477-1523), mais la plupart des historiens pensent qu'il a probablement reçu son premier apprentissage à Milan*, découvrant à cette occasion la peinture de Léonard, qui l'influencera pendant toute sa carrière. Les plus anciennes mentions d'archives sur son activité concernent les travaux qu'il effectua en 1508 dans les appartements de Jules II au Vatican. Cette commande prestigieuse laisse supposer qu'il avait déjà acquis une certaine renommée ; à Rome*, il travailla également, en collaboration avec Baldassarre Peruzzi, au couvent de Sant'Onofrio, pour lequel il peignit une *Vierge à l'Enfant avec un donateur*. De cette même époque date une *Vierge à l'Enfant avec saint Jean-Baptiste dans un paysage* (Campagnano Romano, église paroissiale) très clairement inspirée, tant pour son sujet que pour son style, par les prototypes définis par Léonard. Au début des années 1510, Cesare est de retour à Milan, où il exécute, entre autres, un séduisant *Baptême du Christ* (Milan, collection Gallarati Scotti). Il voyage ensuite dans le centre et le sud de la péninsule italienne : à Messine, il peint le retable ayant pour sujet la *Vierge en trône avec saint Jean-Baptiste et saint Georges* (San Francisco, M.H. De Young Memorial Center) pour le compte de la confrérie de San Giorgio dei Genovesi et une *Adoration des Mages* (Naples, Museo di Capodimonte) qui eut une grande influence sur les peintres locaux ; à Catane, il orne le couvent de San Domenico d'un tableau d'autel détruit au XVIIᵉ siècle, dont seul est par-

Cesare da Sesto, *La Vierge aux balances*, huile sur toile, 95 x 69 cm. Paris, musée du Louvre.

venu jusqu'à nous un fragment avec le visage de la Vierge (*in situ*). Son activité en Italie centrale reste en revanche très mal connue et les tentatives pour lui attribuer quelques tableaux demeurés sur place n'ont pas convaincu la majorité des spécialistes. Il rentre à Milan sans doute peu avant 1520 ; le seul document concernant sa période tardive est un contrat du 28 janvier 1523, par lequel il s'engage à peindre dans les six mois un grand polyptyque pour l'église San Rocco (Milan, Castello Sforzesco) ; il meurt avant d'avoir pu l'achever.

■ Codex Arundel

Le *Codex Arundel* (Londres, British Museum) doit son nom à son premier propriétaire, Thomas Howard, Lord Arundel, qui l'acquit probablement en Espagne dans les années 1630. Contrairement à beaucoup d'autres manuscrits* léonardiens, il a été constitué non pas à partir de feuilles séparées, mais de fascicules ayant pour la plupart conservé la structure voulue par leur auteur. Les mathématiques sont le thème dominant du *Codex Arundel*, qui par ailleurs aborde des questions de physique, d'optique (voir Espace et lumière), d'astronomie et d'architecture*. Plus prosaïquement, il contient aussi des notes de dépenses et de mémentos, dont le principal intérêt est de permettre une datation assez précise des feuilles. Les commentateurs ont été frappés avec la froideur administrative avec laquelle Léonard rend compte de la mort de son père : « Le mercredi 9 juillet 1504 à 7 heures, est mort Ser Piero da Vinci, notaire au palais du Podestat, âgé de 80 ans ; il laisse 10 fils et 2 filles. » Un ensemble important de feuilles concerne le projet pour la nouvelle résidence de François Ier* à Romorantin. Il comprenait un vaste complexe de constructions et de jardins traversé par la Sandre et devait englober le château du XVe siècle où avaient vécu les ancêtres du roi. Mais en 1519, une épidémie, sans doute due au caractère insalubre du lieu, contraindra le monarque à choisir Chambord. Enfin, le *Codex Arundel* contient plusieurs

feuilles isolées particulièrement originales ou significatives, par exemple le dessin* d'un appareil doté d'un masque et de tuyaux pour pouvoir respirer sous l'eau, ou encore des notes et croquis en vue du décor et de la mise en scène de l'*Orphée* d'Agnolo Poliziano (dit en français Politien), qui fut représenté à Milan* entre 1506 et 1508 : Léonard avait ainsi prévu un mécanisme des plus sophistiqués permettant à l'acteur qui jouait Pluton de faire une apparition spectaculaire à travers une percée du plancher de la scène suggérant l'ouverture d'une crevasse (voir aussi Créations éphémères).

■ Codex Atlanticus

Le *Codex Atlanticus* (Milan, Biblioteca Ambrosiana) est le plus vaste ensemble de manuscrits* léonardiens aujourd'hui conservés. Son nom lui vient du grand format des pages, semblables à celles d'un atlas. Il couvre la quasi-totalité de la carrière de Léonard, sur une période de plus de quarante ans, allant de 1478 à 1519. On y trouve une très riche documentation concernant ses recherches dans les domaines de la physique et des mathématiques, de l'astronomie, de la géographie physique, de la botanique et de la chimie. Mais il contient également des projets de machines de guerre, d'appareils pour voler dans les airs ou pour descendre au fond des mers, de mécaniques sophistiquées et d'objets d'usage quotidien, ainsi que plusieurs projets urbanistiques et architecturaux qu'il ne put porter à terme, depuis les premières études en vue de la restructuration de la ville de Milan* jusqu'à la conception

Leonard de Vinci, *Codex Arundel* 263, fol. 28v. (page d'étude sur le soleil et la lune), v. 1508. Londres, British Museum.

d'une résidence royale à Romorantin, en passant par des plans pour un nouveau palais Médicis à Florence*. Enfin, le *Codex Atlanticus* témoigne de l'évolution de la pensée de Léonard à travers une série de fables*, de facéties* et de méditations philosophiques. D'un point de vue plus strictement artistique, les feuilles du manuscrit sont riches en notes sur les aspects théoriques et pratiques de la peinture et de la sculpture*, sur la perspective, sur les effets d'ombres et de lumières, sur les matériaux à utiliser dans l'atelier*. Toutes ces explications accompagnent souvent les dessins* préparatoires d'œuvres peintes ou sculptées, par exemple l'*Adoration des Mages**, *Léda*, la *Bataille d'Anghiari*, ou encore les monuments équestres à la gloire de Francesco Sforza et de Gian Giacomo Trivulzio. Les pages du *Codex Atlanticus* constituent ainsi un document irremplaçable pour une approche globale de l'art et de la pensée de Léonard ; aucune étude le concernant ne peut se passer d'y faire référence.

Codex Forster

Très différents les uns des autres par leur datation et par les sujets qu'ils traitent, les trois carnets Forster ont un historique commun : après avoir appartenu à Pompeo Leoni (voir Manuscrits), ils passèrent dans les collections du comte Lytton, puis dans celles de John Forster et rejoignirent définitivement celles du Victoria and Albert Museum de Londres en 1876. Le *Codex Forster I* se compose de deux manuscrits. Le premier, qui remonte à 1487-1490, reflète l'intérêt de Léonard pour l'hydrologie et contient plusieurs projets de machines actionnées par le mouvement de l'eau ; on y trouve aussi des considérations sur le « mouvement perpétuel », que l'auteur reniera plus tard comme une forme de « superstition ». Le second, qui date de 1505, est consacré à la stéréométrie, autrement dit à « la transformation d'un corps en un autre sans diminution ou augmentation de matière ». Très structuré, ce qui est plutôt inhabituel chez Léonard, il est subdivisé en trois parties respec-

Léonard de Vinci « Catapulte géante » in *Codex Atlanticus*, v. 1499. Milan, Biblioteca Ambrosiana.

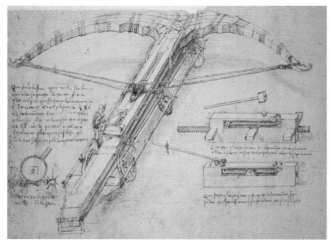

*« Cite à ton maître l'exemple
du capitaine : ce n'est pas lui
qui remporte la victoire, mais les soldats,
grâce à ses conseils, et cependant,
il mérite la récompense. »*

(*Codex Forster* II, 15 v.)

Léonard de Vinci,
Codex Forster II,
90v. Londres,
Victoria and
Albert Museum.

tivement consacrées à la géométrie plane, à la géométrie dans l'espace et aux transformations de la pyramide. Les théories d'Euclide et les textes de l'humaniste Luca Pacioli sont à la base des recherches de Léonard, qui d'ailleurs illustra le *De divina proportione* du second avec les « cinq corps réguliers » de dérivation néoplatonicienne*. Le *Codex Forster II* se compose lui aussi de deux manuscrits. Le premier (1495) est en substance un cahier d'exercices de physique, à mettre en relation avec un traité que Léonard affirme avoir achevé, mais qui malheureusement a été perdu. Le second (vers 1497) est composé principalement de dessins* à la sanguine, avec en particulier de très beaux ensembles consacrés aux architectures de Bramante* à Milan* ou encore de splendides entrelacements de plantes et de végétaux, que l'on retrouvera transcrits à plus grande échelle dans la Sala delle Asse*. Le *Codex Forster III*, petit livre d'une centaine de pages remontant aux années 1493-1496, mêle les sujets les plus disparates, tels que fables*, considérations morales, dessins de masques, projets de monuments équestres, plans architecturaux et urbanistiques, et couvre ainsi l'ensemble très vaste des activités auxquelles l'artiste employa son génie lors de son séjour à la cour de Ludovico Sforza.

■ Codex Hammer

Ce manuscrit (Seattle, collection Bill Gates) se compose de dix-huit feuilles recto verso comprenant des dessins* et des notes à la plume. Léonard y travailla de 1506 à 1510, repliant les feuilles, après les avoir remplies, les unes sur les autres comme dans un livre, de manière à en faire une sorte de répertoire mobile, susceptible d'ajouts et de corrections ; il est probable qu'il ait eu l'intention de faire coudre l'ensemble après l'avoir terminé, mais le *Codex Hammer* se présente aujourd'hui sous forme de pages séparées. Son historique est bien connu : en

Léonard de Vinci,
Codex Hammer,
fol. 2r. (page
montrant la
luminosité
de la lune).
Seattle,
coll. Bill Gates.

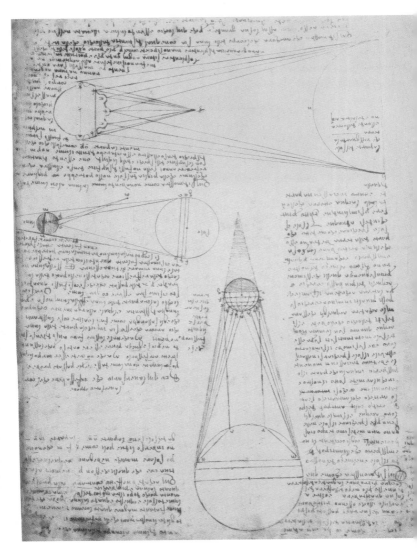

1537, il appartenait à Guglielmo della Porta, sculpteur milanais actif à Rome* ; vers 1690, il fut acquis par le peintre Giuseppe Ghezzi, qui le vendit en 1717 à Thomas Coke, futur comte de Leicester ; conservé dans la résidence du lord anglais, il y demeura jusqu'en 1980, date à laquelle il fut acquis lors d'une vente aux enchères par le milliardaire américain Armand Hammer, auquel il doit son nom ; en 1994, à l'occasion d'une nouvelle vente aux enchères, il devint propriété de Bill Gates. Son thème principal est l'eau, dont Léonard étudie les mouvements dans une fascinante série de dessins représentant des tourbillons et des enchevêtrements de courants. L'astronomie y trouve aussi sa place, avec en particulier des observations sur l'éclairage de la Terre et de la Lune, que Galilée confirmera un siècle plus tard. Mais c'est encore l'eau qui joue un rôle primordial lorsque Léonard essaie d'expliquer les changements intervenus à la surface du globe terrestre, causés par l'érosion des eaux qui détruisent, modifient, stratifient et, selon lui, finiront par submerger la planète et lui rendre son aspect primitif. L'observation et l'étude des fossiles l'avaient en effet convaincu que la Terre était à l'origine entièrement recouverte par les eaux, dont l'abaissement progressif aurait permis l'apparition des montagnes et des vallées. On pense inévitablement aux paysages baignés de brume qui apparaissent à l'arrière-plan de ses tableaux, au premier rang desquels la *Joconde** ; l'établissement d'analogies entre recherche scientifique et pratique artistique est en effet constant chez Léonard, pour qui la peinture constitue la forme suprême du savoir humain.

■ Codex Trivulziano

Composé à l'origine de soixante-deux feuilles (quelques-unes sont aujourd'hui perdues), le *Codex Trivulziano* passa successivement entre les mains de Francesco Melzi*, de Pompeo Leoni, puis du comte Galeazzo Arconati, au début du XVIIe siècle ; on perd ensuite sa trace jusqu'en 1750, date à laquelle Gaetano Caccia le vendit à la famille Trivulzio ; il entra dans les collections de la bibliothèque du Castello Sforzesco de Milan* en 1935, en même temps que d'autres pièces de la collection du prince Trivulzio. Une reliure peu soigneuse des fascicules qui le composent avait abouti à lui faire

perdre toute cohérence ; on s'est récemment efforcé de remédier à cela grâce à une nouvelle numérotation des pages. Le manuscrit remonte aux années 1487-1490, à l'époque où Léonard décide d'apprendre le latin, afin d'accéder plus facilement aux écrits des humanistes et des hommes de science. Le *Codex Trivulziano* est ainsi rempli de notes de grammaire et de répertoires lexicaux (pas moins de cinquante et un), apparemment tirés des ouvrages les plus variés. Les chercheurs du XIXe siècle ont longtemps pensé, à cause sans doute de la célèbre mais trompeuse auto-définition de Léonard comme « *uomo senza lettere* » (« homme sans lettres »), que ces listes rassemblaient des mots et des expressions typiques de la langue familière toscane, alors qu'elles correspondent à la recherche d'un vocabulaire de niveau littéraire soutenu. Toutefois, vers la fin de sa vie, il en viendra à considérer vaines de telles tentatives, comme en témoigne ce passage du *Codex Atlanticus** : « Je dispose dans ma langue maternelle d'un si grand nombre de mots, que je devrais déplorer mon manque de parfaite compréhension des choses, plutôt que le manque d'un vocabulaire nécessaire pour exprimer parfaitement les concepts de mon esprit. » Outre ces exercices linguistiques, le *Codex Trivulziano* inclut de nombreuses caricatures (voir Anatomie et physiognomonie), ainsi que des notes et croquis d'architecture* militaire et religieuse, les plus intéressants étant ceux relatifs au problème de la construction de la lanterne de la cathédrale de Milan, auquel Léonard consacra en vain beaucoup de temps et d'énergie.

Léonard de Vinci, *Codex Hammer* fol. 1r. (page d'étude sur la terre et la lune, leur taille et leur relation avec le soleil). Seattle, coll. Bill Gates.

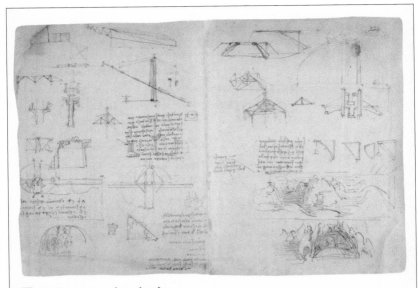

◼ CRÉATIONS ÉPHÉMÈRES

Un facteur important du succès de Léonard auprès des cours princières consistait en son habileté à organiser des divertissements, en particulier ceux liés à des célébrations officielles. Son activité de metteur en scène et décorateur de cérémonies est assez bien documentée, mais les traces visuelles parvenues jusqu'à nous sont malheureusement peu nombreuses : seuls quelques dessins* dans ses carnets ont pu être mis en relation avec des projets connus. L'ensemble le plus substantiel concerne le pompeux spectacle offert à l'occasion du double mariage de Ludovico et Anna Sforza avec Beatrice et Alfonso d'Este en 1491. Une feuille du *Codex Arundel** (250 r.) montre qu'il avait prévu à cet effet d'orner le caparaçon des chevaux d'un ensemble extraordinairement complexe de formes symboliques faisant allusion, entre autres, aux vicissitudes de la fortune et aux vertus cardinales, mêlant ainsi la tradition païenne à l'iconographie chrétienne, comme il le fera dans des tableaux tels que la *Sainte Anne** du Louvre. Plusieurs feuilles préparatoires à des compositions allégoriques destinées à célébrer la famille Sforza, relèvent du même usage d'un langage visuel à la signification cryptée, aussi en accord avec les attentes des commanditaires qu'avec la personnalité* de l'artiste. Léonard exerça également ses talents de scénographe au théâtre, se spécialisant dans les effets requérant des machineries particulièrement complexes (voir Codex Arundel). Musicien amateur de grand talent, il était tout à fait à même de participer à l'élaboration des spectacles associant acteurs, chanteurs et instrumentistes, dont devait naître l'opéra. Des témoignages contemporains nous apprennent par exemple qu'il dessina les décors pour la première représentation de *La festa del Paradiso* de Bellincioni, avec en particulier un immense hémisphère céleste, où il put déployer ses connaissances en astronomie. Les autres traces de ses projets pour des créations éphémères, liées à des amusements de cour, sont plus fragmentaires. Ses carnets contiennent des dessins de pictogrammes, de pavillons mobiles, d'architectures de fêtes, d'automates, de fontaines, accompagnés de schémas pour des inventions amusantes, qui lui assurèrent d'importantes rentrées d'argent, mais dont on peut se demander dans quelle mesure elles ne lui ont pas fait perdre un temps qu'il aurait pu employer à l'achèvement de ses tableaux.

■ CRITIQUE

Les théories* artistiques de Léonard, dont il aurait voulu faire un classement méthodique de notions susceptibles de répondre à toutes les questions du peintre, ne pouvaient pas faire l'économie de la définition d'un certain goût, de la justification des critères selon lesquels une œuvre d'art doit être jugée. Sa sévérité critique est extrême et il réaffirme constamment son mépris des formules faciles : nombreux sont les artistes de son temps à avoir fait les frais de sa rigueur et de sa lucidité. Mais l'aspect le plus intéressant de sa démarche tient à la manière dont il essaie de conjuguer l'exigence d'impersonnalité à un point de vue plus irrationnel ou subjectif. Il y parvient le plus souvent sous la forme d'un dialogue imaginaire, où il répond aux objections d'un interlocuteur supposé, d'un contradicteur qui le pousse à mieux défendre ses allégations. Il considère par exemple que la peinture a pour vocation de célébrer la beauté* de l'espace* modelé par la lumière et d'exalter les manifestations expressives de la vie. Son contradicteur lui fait alors remarquer que ces deux registres ne sont pas du même ordre, puisque le premier relève de la perception pure et le second de la perception psychologique, et qu'en outre les modalités de l'expression doivent d'abord être considérées par le peintre d'un point de vue formel (lignes, volumes, jeux d'ombres, etc.). À cela, Léonard rétorque que les deux aspects sont indissociables, car l'attachement exclusif aux données purement visuelles, abstraction faite de tout élément psychique, ne peut aboutir qu'à une géométrie inexpressive. Tout au contraire, il faut selon lui animer même le jeu de formes apparemment inertes : les rencontres de l'ombre et de la lumière, les enchevêtrements de courbes et de droites, l'intégration des volumes dans l'espace, sont toujours perçus comme les vecteurs de l'énergie vitale qui irrigue la totalité du monde naturel.

Léonard de Vinci, étude pour la scénographie de l'*Orfeo* de Poliziano, v. 1506-1508, in *Codex Arundel*, fol. 231v. et 224r. Londres, British Museum.

Léonard de Vinci, *L'Annonciation* (détail), 1472-1475, huile et tempera sur bois. Florence, Galleria degli Uffizi.

« *L'erreur est aussi grande de bien parler d'un homme indigne que de mal parler d'un homme vertueux.* »

(*Codex Forster II*, 41 v.)

■ DAME À L'HERMINE

près avoir été attribué à Boltraffio* ou à Giovanni Ambrogio De Predis*, le *Portrait de Cecilia Gallerani*, mieux connu sous le titre de *La Dame à l'hermine* (Cracovie, Czartoryski Muzeum) est aujourd'hui unanimement donné à Léonard par la critique. Des documents d'archives découverts il y a peu confirment une datation vers 1488-1490 ; ils indiquent en effet que ces deux années correspondent au moment le plus intense de la liaison entre Ludovico Sforza, probable commanditaire du tableau, et la jeune femme, dont il fera en 1491 la titulaire du fief de Saronno. D'un point de vue stylistique, l'objectivité du rendu anatomique, en particulier celui de la main droite, doit être rapprochée de plusieurs dessins* et études scientifiques visibles sur les carnets de la même période ; les recherches chromatiques annoncent de leur côté la seconde version de la *Vierge aux rochers**. Plus encore que dans le *Portrait d'un musicien**, on observe ici la maîtrise absolue de la construction spatiale, la minutie de l'exécution (encore bien perceptible malgré le mauvais état de conservation de certaines parties, comme la main gauche), le dynamisme de la pose, qui donne au groupe formé par la jeune femme et l'animal un élégant et souple mouvement courbe, évitant la présentation solennelle ou guindée de tant d'effigies officielles de la même époque. L'articulation du personnage dans l'espace est d'une extraordinaire complexité et traduit une nouvelle fois la théorie* léonardienne des attitudes physiques conçues comme la traduction visuelle des plus imperceptibles « mouvements de l'âme » : le modèle, montré au moment où il vient d'être distrait par quelque chose ou quelqu'un situé à droite du tableau, donne du même coup une impression de vérité rarement atteinte par les artistes florentins du XVe siècle. Les effets d'éclairage, qui servent avant tout à la définition des volumes, s'appuient sur le jeu savant de l'alternance entre zones sombres et zones claires : on en trouve aussi les traces dans le *Manuscrit C* de l'Institut de France (voir Manuscrits de l'Institut), où dessins et notes s'attardent à étudier minutieusement les incidences de la lumière sur les corps solides et les différentes nuances d'ombres, en vue du chapitre consacré à ce sujet dans le *Traité de la peinture**. Dans le tableau de Cracovie, Léonard trouve des effets illusionnistes d'une extrême virtuosité, comme avec la rangée droite du collier de perles, en partie éclairée et en partie plongée dans l'obscurité, qui elle-même projette une ombre portée sur la poitrine et la robe de la jeune femme, en une étonnante multiplication de l'ombre à la puissance deux.

Léonard de Vinci, *Portrait de Cecilia Gallerani,* dit aussi *La Dame à l'hermine,*
v. 1488-1490, huile sur bois, 54,8 x 40,3 cm.
Cracovie, Czartoryski Muzeum.

■ De Predis (Frères)

Dernier né d'une famille d'artistes, Giovanni Ambrogio De Predis (vers 1455-après 1508) reçut d'abord une formation de miniaturiste, probablement sous la direction de son frère Cristoforo. En 1479, il est nommé à la Zecca (Monnaie) de Milan*, en compagnie de Bernardino, un autre de ses frères. À partir de 1482, il travaille à la cour de Ludovico Sforza. L'année suivante, il y fait la connaissance de Léonard, avec qui il collabore au retable commandé par les Confratelli dell'Immacolata Concezione pour l'église de San Francesco Grande (voir Vierge aux rochers), peignant un *Ange musicien* (Londres, National Gallery). Très actif à la cour des Sforza, il y réalise de très nombreux portraits, parmi lesquels celui, dessiné, de *Bianca Maria Sforza*. Lorsque cette dernière épouse l'empereur Maximilien, Giovanni Ambrogio la suit en Allemagne. En 1495, l'empereur Maximilien lui confie, en collaboration avec Francesco Galli et Accino da Lecco, la fabrication de sa nouvelle monnaie ; en juillet de la même année, il est de retour à Milan. À partir de 1498, il se voit à nouveau commander des portraits, dont celui de l'empereur (1502, Vienne, Kunsthistorisches Museum). Son activité intense se déploie dans plusieurs directions : travaillant à la fois pour la cour milanaise et la cour impériale, il y dessine des habits de cérémonies, conçoit des scénographies, dirige le tissage de tapisseries ; mais ce sont surtout ses talents de portraitiste qui lui valent le succès auprès de personnages de premier plan. Il faut enfin mentionner plusieurs tableaux religieux, qui se ressentent fortement de

Giovanni Ambrogio De Predis, *Madone Litta*, v. 1490, huile sur bois, 42 x 33 cm. Saint-Pétersbourg, musée de l'Ermitage.

Léonard de Vinci, *Draperie enveloppant les jambes d'une figure assise, la jambe gauche repliée* (étude pour *Sainte Anne*). Paris, musée du Louvre, département des Arts graphiques.

l'influence* de Léonard et, parfois, reprennent explicitement certains de ses dessins* et compositions, comme dans la *Madone Litta* (Saint-Pétersbourg, musée de l'Ermitage).

Moins célèbre que Giovanni Ambrogio, son demi-frère Evangelista (vers 1440-1450 – vers 1490-1491) habitait à Milan une maison vers la Porta Ticinese, où Léonard demeura sans doute quelque temps au début de son séjour, ce qui laisse supposer qu'il entretenait avec les frères De Predis des rapports non seulement professionnels, mais aussi amicaux. Evangelista est mentionné par les documents d'archives uniquement pour sa collaboration au retable pour les Confratelli dell'Immacolata Concezione mentionné plus haut ; sa participation semble s'être limitée à des dorures et à quelques figures en trompe-l'œil (Londres, National Gallery). On ne sait à peu près rien du reste de son activité artistique.

■ DESSIN

Au tout début de sa carrière, Léonard acquit une parfaite maîtrise des deux plus importantes techniques graphiques de son époque, la pointe de métal et la plume et encre. La plupart des feuilles dessinées selon la première technique, le plus souvent sur papier préparé, sont complétées de rehauts de blanc et trahissent une utilisation méticuleuse des hachures parallèles pour suggérer des effets de relief ; elles atteignent leur apogée dans les *Études de chevaux debout* (vers 1490, Windsor Castle, Royal Library). Les travaux à la plume manifestent dès ses premiers essais une exceptionnelle rapidité d'exécution, comme dans le *Paysage Santa Maria della Neve* (1473, Florence, Galleria degli Uffizi), animé de remarquables effets atmosphériques. Dans les feuilles préparatoires pour l'*Adoration des Mages** et dans les différentes compositions sur le thème de la Vierge à l'Enfant des années 1480 et du début des années 1490 (voir Madone Benois, Madone Dreyfus et Vierge à l'œillet), Léonard évolue vers un style graphique toujours plus rapide et suggestif. Les études à la plume sur la *Vierge à l'Enfant au chat* (vers 1478-1481, Londres, British Museum) portent à un rare degré de complexité la description de corps en mouvement.

Tout au long de sa carrière, la plume et encre demeura sa technique de prédilection, non seulement pour les études préparatoires des tableaux, mais aussi pour ses dessins scientifiques et pour ses projets d'architecture*. À la fin des années 1490, on observe une modification importante dans la manière de tracer les ombres : les hachures parallèles en diagonale sont progressivement remplacées par de souples lignes courbes épousant les contours. Pour les esquisses isolées des éléments de ses compositions, Léonard recourt fréquemment à d'autres techniques. Assez tôt, il semble avoir réalisé des études de draperies au moyen d'un pinceau très fin, avec des rehauts de blanc (un bel ensemble au département des Arts graphiques du Louvre), selon une technique empruntée à Verrocchio*. Dans les années 1490, il se tourna progressivement vers les techniques plus souples de la sanguine et du fusain, en particulier pour les dessins préparatoires de la *Cène**. Dans ses dessins scientifiques et techniques, il poussa les potentialités descriptives du trait sur une surface plane jusqu'à ses limites extrêmes.

Léonard de Vinci,
L'Échevelée,
v. 1508,
terre d'ombre,
ombre verdie et
blanc de plomb
sur bois,
24,6 x 21 cm.
Parme,
Pinacoteca
Nazionale.

■ Échevelée

La *Tête de jeune fille*, dite l'*Échevelée* (Parme, Pinacoteca Nazionale), n'a été que récemment admise par la critique comme une œuvre autographe et mise en relation avec la « jeune fille échevelée, ébauche, œuvre de Léonard de Vinci » dont parle l'inventaire de la collection des Gonzague, établi à Mantoue en 1627. Sa datation reste en revanche très difficile. S'agit-il d'une œuvre de jeunesse peinte à Florence*, proche par sa technique et par son style d'autres tableaux inachevés, comme l'*Adoration des Mages** et *Saint Jérôme** ? Faut-il y voir l'esquisse d'un portrait de femme comparable à ceux de la première période lombarde ? Sommes-

nous au contraire face à une réalisation plus tardive, datable vers 1508, à une époque où Léonard revient parfois à une thématique et à une technique expérimentées dans sa période de formation, mais pour les transformer en un style où les volumes émergent de la surface picturale selon une plasticité très accentuée, comme c'est le cas ici pour le bel ovale du visage ? Cette dernière hypothèse est celle le plus communément admise par les spécialistes. L'état d'inachèvement du tableau permet de constater que sa technique d'exécution diffère légèrement de celle employée d'habitude par Léonard : la tête de la jeune fille a en effet été dessinée directement au pinceau sur la surface du bois, sans couche préparatoire, puis complétée par quelques rehauts de blanc. Comme on n'en possède par ailleurs aucune, il est légitime de penser qu'il s'agit du seul exemple de peinture entièrement improvisée de tout le corpus léonardien. Son charme si particulier naît d'ailleurs en grande partie de la spontanéité qu'elle dégage ; la plupart des commentateurs ont en outre été sensibles à la subtilité de la description de l'incarnat, dans une gamme chromatique très simple, à base de blanc, de noir et de beige.

◼ Énigmes

« *De l'argent et de l'or.* Du creux des cavernes sortira la chose qui fera que tous les peuples du monde travailleront, peineront et sueront, avec grande agitation, anxiété et effort, pour obtenir son aide. » (*Codex Atlanticus**, 37 v.)

« *Du rêve.* Les hommes croiront voir de nouvelles ruines au ciel ; et les flammes qui en descendent sembleront s'envoler, épouvantées. Ils entendront les animaux de toute espèce parler le langage humain ; en un instant, ils courront, sans se mouvoir, vers diverses parties du monde ; ils verront dans les ténèbres les plus grandes splendeurs. Ô merveille de l'espèce humaine ! Quelle frénésie t'a ainsi poussée ? Tu converseras avec les animaux de toute espèce, et eux avec toi, en langage humain. Tu te verras tomber de grandes hauteurs, sans te faire de mal ; les torrents t'entraîneront

Léonard de Vinci, *L'hermine symbole de la pureté*, v. 1494, plume et encre marron sur papier noirci. Cambridge, Fitzwilliam Museum.

en se mêlant dans leur course rapide. » (*Ibid.*, 145 r.)

« *Des fourmis.* Des peuplades nombreuses se verront avec leurs enfants et leurs victuailles au fond d'obscures cavernes ; là, dans les ténèbres, elles se nourriront, elles et leurs familles, des mois durant, sans aucune lumière artificielle ou naturelle. » (*Ibid.*, 145 r.)

« *Des moissonneurs.* Nombreux seront ceux qui se dresseront l'un contre l'autre en tenant en leurs mains le fer tranchant, acéré. Il n'en résultera pour eux d'autre mal que celui que cause la fatigue, car lorsque l'un se penche en avant, l'autre recule d'autant, mais malheur à qui se placerait entre eux, car il serait mis en pièces. » (*Ibid.*, 370 r.)

« *De l'ombre qui se meut avec l'homme.* On verra des formes et des figures d'hommes ou d'animaux qui poursuivront ces hommes ou animaux où qu'ils s'enfuient ; et les mouvements des uns seront comme ceux des autres, mais leurs changements de grandeur seront merveilleux. » (*Ibid.*, 370 r.)

« *Les constellations.* Et beaucoup d'animaux terrestres et aquatiques monteront parmi les étoiles et les planètes.

Les dés. On verra les ossements des morts, par leurs mouvements rapides, décider de la fortune de ceux qui les meuvent. » (*Ibid.*, 131 r.)

« *Les morts qu'on enterre.* Des gens simples porteront des quantités de lumières pour éclairer la route de ceux qui ont intégralement perdu le sens de la vue. » (*Ibid.*, 131 r.)

■ ESPACE ET LUMIÈRE

Au XVe siècle, Alberti et Piero della Francesca d'un côté, les néo-platoniciens* florentins de l'autre, ont formulé l'idée du primat absolu de la vision sur les autres sens, pourvu qu'elle soit contrôlée par des règles mathématiques, et défini la lumière à la fois comme le principe vital de la nature et la condition *sine qua non* de sa contemplation. Comme toujours, Léonard aborde ces deux notions d'un point de vue pragmatique. Pour comprendre l'espace, il étudie l'œil qui le perçoit ; pour comprendre la lumière, il étudie l'ombre et ses reflets. Il remplace ainsi des symboles intellectuels par des phénomènes observables, qu'il analyse en y faisant surgir des questions nouvelles. Dans le domaine de la construction spatiale, la perspective linéaire géométrique lui apparaît vite comme une solution arbitraire et en tout cas insuffisante par rapport à ce qu'il appelle la perspective « sphérique » ou « naturelle », qui lui semble mieux rendre compte des trois dimensions. Mais il manifeste aussi un intérêt croissant pour la perspective aérienne, qui trouve son accomplissement dans les paysages à l'arrière-plan de ses tableaux. Concernant la lumière, le principal obstacle auquel il se heurte consiste à résoudre le conflit entre la définition des contours et le rendu des reflets. Il le résout à travers l'invention de la technique du *sfumato* : définie plus tard par Diderot comme « une manière de noyer les contours dans une vapeur légère », elle permet d'obtenir des tracés atténués et un modelé souple, grâce à des passages subtils de lavis et glacis successifs partant d'une tonalité de valeur moyenne, que l'on pousse vers des valeurs plus sombres ou plus claires selon l'effet désiré. Cette « vapeur légère » est la manifestation visuelle du travail obscur et constant de l'eau (voir aussi Codex Hammer), qui prend dans la pensée et la pratique artistique de Léonard une place de plus en plus obsédante : ennemie de la géométrie, elle estompe la netteté des objets ; ennemie de la permanence, elle empêche ou détruit toute construction stable ; ennemie de la chaleur et de la lumière, elle brouille les rayons du soleil. Les perplexités du mathématicien et du physicien finissent ainsi par rejoindre les angoisses du peintre.

Léonard de Vinci, étude de perspective pour l'*Adoration des Mages*, plume et encre sur papier, 16,5 x 29 cm. Florence, Galleria degli Uffizi, Gabinetto Disegni e Stampe.

◼ FABLES

« Le papillon étourdi et vagabond, non content de voler dans l'air, à sa fantaisie, fut attiré par la séduisante flamme de la chandelle ; il résolut d'aller vers elle, mais son joyeux mouvement lui fut cause de subite douleur. Ses ailes délicates se consumèrent et le malheureux tomba brûlé au pied du chandelier. Après bien des larmes et des regrets, il sécha les pleurs qui ruisselaient de ses yeux et levant le visage, il dit : « Ô lumière fallacieuse, combien d'autres as-tu, jusqu'à présent, trompés comme moi ! Hélas, puisque c'était mon désir de contempler la lumière, que n'ai-je su faire la différence entre le soleil et la trompeuse clarté du dégoûtant suif ? » (*Codex Atlanticus**, 67 r.)

« Le cèdre infatué de sa beauté et dédaigneux des arbustes environnants, les fit bannir de sa vue. Sur quoi le vent, ne rencontrant plus d'obstacles, le déracina et le jeta bas. » (*Ibid.*, 67 v.)

« Le faucon supportait avec impatience la façon qu'avait le canard de se dissimuler en fuyant et en plongeant ; il voulut donc le poursuivre, mais ses plumes se mouillèrent et il resta sous l'eau ; alors le canard s'éleva en l'air et railla le faucon qui se noyait. » (*Ibid.*, 67 v.)

« Le noyer ayant étalé aux passants l'abondance de ses fruits, chacun le lapida.

Le figuier ne portait pas de fruits, et personne ne le regardait. Mais il voulut en produire pour s'attirer la louange des hommes et par eux il fut plié et rompu. » (*Ibid.*, 76 r.)

« Le silex s'étonna grandement sous le choc de l'acier et lui dit avec sévérité : « Quelle arrogance te pousse à me tourmenter ? Ne m'importune pas, car c'est par erreur que tu m'as choisi, moi qui jamais n'ai nui à personne. » L'acier répliqua : « Consens à te montrer patient et tu verras un résultat merveilleux jaillir de toi. »

En entendant ces mots, le silex apaisé endura son martyre et vit qu'il engendrait le feu, élément merveilleux qui entre dans la composition de choses innombrables.

Dit pour ceux qui se découragent au début de leurs études, mais ensuite, appliqués à triompher d'eux-mêmes, s'y adonnent avec patience et persévérance et en obtiennent des résultats merveilleux. » (*Ibid.*, 257 r.)

Léonard de Vinci, *Dame avec une licorne*, v. 1480, plume et encre marron foncé. Oxford, Ashmolean Museum.

Léonard de Vinci,
Quatre caricatures.
Londres,
Christie's Images.

■ Facéties

« Un prêtre faisait sa tournée paroissiale, le Samedi saint, afin de donner l'eau bénite dans les maisons, selon la coutume ; il arriva dans l'atelier d'un peintre et comme il aspergeait un de ses tableaux, le peintre irrité se tourna vers lui et lui demanda la raison de cette aspersion. Le prêtre répondit qu'il se conformait à l'usage et qu'il remplissait un devoir ; c'était œuvre pie, et qui fait le bien peut espérer une récompense égale ou même supérieure, car Dieu a promis que toute bonne action sur terre nous vaudrait le centuple au ciel. Le peintre attendit que le prêtre se fût retiré, puis il se mit à la fenêtre et lui jeta sur le dos un grand seau d'eau, en lui criant : « Voici la récompense centuplée qui te vient d'en haut, comme tu disais, pour la bonne action que tu as accomplie avec ton eau bénite, qui m'a à moitié gâché mes tableaux. » (*Codex Atlanticus**, 119 r.)

« Quelqu'un voulut montrer, en invoquant Pythagore, qu'il avait déjà vécu sur cette terre ; un contradicteur ne lui laissant pas terminer son raisonnement, le premier dit au second : « La preuve que je me suis trouvé ici-bas en une précédente occasion, c'est que je me souviens que vous étiez meunier. » À ces mots,

Léonard de
Vinci (?),
*Caricature d'un
homme en buste,
poitrine de face.*
Paris, musée du
Louvre,
département des
Arts graphiques.

l'autre, piqué, convint que la chose était vraie, car lui-même se souvenait fort bien qu'en effet cet homme avait été l'âne qui portait sa farine. » (*Manuscrit M*, Institut de France, 58 v.)

« On demandait à un peintre pourquoi il avait fait ses enfants si laids alors que ses figures, choses inanimées, étaient si belles. Il répondit qu'il faisait ses tableaux de jour, et ses enfants de nuit. » (*Ibid.*)

« On engageait quelqu'un à quitter son lit, car le soleil était déjà levé. À quoi il répondit : « Si j'avais à faire un aussi long voyage et autant de choses que lui, je serais, moi aussi, déjà levé ; mais n'ayant pas à aller loin, je désire rester encore couché. » (*Codex Forster* II*, 31 r.)

Léonard de Vinci, *Étude pour un pendu : Bernardo Baroncelli, assassin de Giuliano dei Medici*, 1479, plume et encre sur papier, 19,2 x 7,8 cm. Bayonne, musée Bonnat.

■ Florence

Cinquante ans avant la naissance de Léonard, Brunelleschi pour l'architecture, Masaccio pour la peinture et Donatello pour la sculpture avaient fait de Florence la capitale artistique de l'Italie et défini les principes fondamentaux de la première Renaissance, en même temps qu'ils revendiquaient un nouveau rôle pour l'artiste dans la société. Florence est, dans la première moitié du XVᵉ siècle, à l'apogée de son expansion territoriale et solidement organisée autour de ses institutions républicaines. Les corporations des *Arti Maggiori* sont encore responsables des principales commandes publiques, mais l'aristocratie entreprend une politique de mécénat toujours plus dynamique. Les Médicis, dès l'époque de Cosme l'Ancien, s'efforcent de transformer la république en gouvernement oligarchique dominé par eux et leurs alliés et se servent des commandes artistiques à des fins de propagande familiale plus ou moins habilement masquée. Le dernier tiers du siècle est dominé par la figure de Laurent le Magnifique ; il comprit rapidement que les artistes toscans les plus célèbres pouvaient servir sa diplomatie de prestige, ce qui explique par exemple l'envoi de Léonard à la cour de Milan*. Cette politique eut cependant pour effet pervers de provoquer le départ de nombreux architectes, sculpteurs et peintres et d'aboutir paradoxalement à la diminution du nombre d'œuvres produites en Toscane. À Florence même, les plus importantes commandes n'émanent pas des Médicis, mais d'autres familles aristocratiques, du clergé et des principaux ordres religieux. À la mort de Laurent, la situation politique devint très instable ; de 1494 à 1498, le frère dominicain Girolamo

François Clouet,
La Dame au Bain,
v. 1570, huile sur
bois, 93 x 81 cm.
Washington,
National
Gallery of Art.

Savonarola exerça une dictature dont le puritanisme fanatique porta des coups mortels à la création artistique ; jusqu'en 1530, date du retour définitif des Médicis au pouvoir, les institutions ne parvinrent pas à se stabiliser, les périodes de domination médicéenne alternant avec le rétablissement précaire de gouvernements républicains. Dans la première décennie du XVIe siècle, Léonard, Michel-Ange et Raphaël séjournent chacun quelques années à Florence. Les deux premiers sont mis en concurrence par les autorités publiques à l'occasion de la commande de la *Bataille d'Anghiari* (voir l'introduction) et le troisième, beaucoup plus jeune, assimile avec une intelligence prodigieuse les inventions de ses aînés. La présence des trois génies, qui inaugurent la seconde Renaissance, redonne pour un moment à Florence le rôle de principal foyer artistique de la Péninsule, mais cette place lui échappera peu à peu au profit de Rome* et de Venise*.

■ Fortune critique

Il n'existe aucune période de l'histoire où la grandeur de Léonard n'ait pas été reconnue. Toutefois, la perception de la nature de son œuvre a beaucoup changé selon les époques et n'a pas toujours été fondée sur une connaissance sûre de ce qu'il avait effectivement réalisé. Sa réputation durable de fondateur de la seconde Renaissance lui fut assurée par la place qu'il occupe au début de la troisième partie des *Vies* de Vasari*, où l'on trouve une interprétation de sa personnalité artistique qui domina l'historiographie au moins jusqu'au XIXe siècle. La première tentative sérieuse de mettre de l'ordre dans l'héritage

de Léonard fut entreprise par le grand mécène de la Rome* du XVIIe siècle, Cassiano dal Pozzo. Bien que Cassiano et son collaborateur, le comte Galeazzo Arconati, ne soient pas parvenus à publier les manuscrits* du maître, ils fournirent à Paul Fréart de Chambray le matériel qui servit à la première édition du *Traité de la peinture*, illustrée par Nicolas Poussin (1651). Aux XVIIe et XVIIIe siècles, l'interprétation critique de l'œuvre de Léonard reposa pourtant en grande partie sur une connaissance fragmentaire et mal définie de sa production. Au long du XIXe siècle, la situation commença à se modifier lentement. D'importants progrès furent réalisés aux alentours de 1900. D'une part, on mena enfin à bien l'étude systématique et la publication de l'ensemble des manuscrits parvenus jusqu'à nous. Par ailleurs, les chercheurs purent établir une chronologie solidement documentée du déroulement de la carrière de l'artiste. À partir de là, la littérature le concernant est devenue prolifique, même si elle n'a pas toujours été de bonne qualité. Les meilleures études ont permis de clarifier sa place dans l'histoire de l'art européen et de mieux cerner les innombrables facettes de son esprit protéiforme. La première synthèse véritablement novatrice est due à l'historien anglais Kenneth Clark (1935). Depuis les années 1950, les monographies se sont multipliées et les publications (éditions et traductions des carnets autographes, livre, fascicules, catalogues d'expositions, articles ; voir la bibliographie) devenues tellement nombreuses qu'elles ne peuvent plus être maîtrisées que par quelques spécialistes.

■ France

Malgré l'immense renommée
dont jouissait Léonard et son
installation à Amboise en 1517,
l'influence* qu'il exerça sur
l'évolution de la peinture française reste difficile à cerner avec
précision. Elle se limite parfois à
des citations superficielles de
thèmes iconographiques ou de
trouvailles formelles, en particulier d'après la *Vierge aux
rochers** : un enlumineur touran-
geau anonyme l'adapta par
exemple pour la figure de saint
Jean l'Évangéliste dans un livre
d'heures (Tours, bibliothèque) ;
un peintre bourguignon la trans-
posa au centre d'un triptyque
(Saint-Pantaléon, église), dans
une gamme chromatique froide
peu fidèle à l'original et face à un
paysage de tradition flamande.
Plusieurs copies de la *Cène**,
dont celle, en tapisserie, que possédait François Ier*, véhiculèrent
un autre aspect de l'art du
maître, son sens inégalable de
l'expression des visages et du
mouvement des corps. Paradoxalement, c'est sans doute
chez les Clouet que l'on rencontre l'assimilation la plus fine
et la plus intériorisée de sa leçon.
De Jean Clouet, il faut citer un
*Portrait de François Ier en saint
Jean-Baptiste* (1518, New York,
collection particulière), dont
l'iconographie se réfère ouvertement au *Saint Jean-Baptiste** de

Agnolo Allori, dit
Bronzino,
Sainte Famille,
huile sur bois.
Paris, musée du
Louvre.

Léonard et dont la monumentalité de conception, le sourire ambigu et le fondu des contours ne peuvent trouver aucun antécédent ailleurs que chez lui. Les portraits dessinés par Jean adoptent de leur côté des modelés aux hachures obliques, selon une technique analogue à celle souvent utilisée par Léonard (voir Dessin). Quant au *Portrait présumé de Marguerite d'Angoulême, reine de Navarre* (1527, Liverpool, Walker Art Gallery), peut-être peint par Polet Clouet, il se présente « comme une Joconde française » (Cécile Scailliérez). Enfin, François Clouet développera jusqu'après le milieu du siècle un léonardisme profond et novateur : son *Bain de Diane* (Rouen, musée des Beaux-Arts) inclut de subtiles variations d'après *Bacchus-Saint Jean-Baptiste** et la *Sainte Anne** du Louvre ; sa *Dame au Bain* (Washington, National Gallery) cite expressément la *Joconde** et se fonde sur un contraste, fréquent chez Léonard, entre naturalisme et idéalisation.

François Clouet,
*Portrait équestre
de François Ier*,
velin.
Paris, musée du
Louvre.

■ François Ier

Principal mécène français de Léonard, François Ier (1494-1547) était fils de Charles de Valois, comte d'Angoulême, et de Louise de Savoie ; il épousa Claude de France, fille de Louis XII, auquel il succéda en 1515 et poursuivit avec fougue les campagnes militaires d'Italie : la victoire de Marignan le rendit maître du Milanais et lui permit de découvrir avec admiration des œuvres comme la *Cène**, déjà très appréciée de son prédécesseur. Sa rivalité avec Charles Quint s'exacerba à la suite de l'élection de ce dernier au trône impérial en 1519. Soucieux d'éviter un encerclement de la France par des puissances hostiles, il chercha en vain une alliance avec l'Angleterre au Camp du Drap d'or. La défection du connétable de Bourbon et la défaite de La Bicoque, en 1523, aboutirent à la perte de Milan*. La contre-attaque tentée à partir de la Provence fut stoppée par la défaite de Pavie (1525), où le roi fut fait prisonnier. Il dut accepter le sévère traité de Madrid (1526), que cependant il n'appliqua pas, reprenant la guerre après avoir conclu la ligue de Cognac avec le pape, Venise* et Francesco Sforza. La paix de Cambrai, dite aussi paix des Dames (1529), ne fut qu'un compromis qui lui laissa le temps de se rapprocher des protestants allemands et des Turcs, au grand scandale des autres États de la chrétienté ; les hostilités reprirent en 1536. La paix de Crépy-en-Laonnois (1544) n'eut rien de définitif. En politique intérieure, l'attitude de François envers les protestants passa d'une tolérance sans doute due en grande partie à l'influence de sa sœur, Marguerite de Navarre, à la répres-

sion et aux persécutions, à la suite de l'affaire des placards (1534). Son règne fut marqué par le renforcement de l'absolutisme royal, la construction d'un État moderne et le développement de la vie de cour. La prospérité économique de son royaume favorisa l'essor des arts et il joua un rôle capital dans l'importation en France* des découvertes de la Renaissance italienne. Outre Léonard, il fit travailler pour lui Benvenuto Cellini et le Primatice. On lui doit enfin la construction des châteaux de Chambord, Villers-Cotterêts et Saint-Germain-en-Laye, ainsi que la fondation du Collège de France (1530).

■ INFLUENCE

Presque aucun aspect important des arts visuels dans l'Italie du XVIᵉ siècle (et, à bien des égards, dans l'ensemble de l'Europe) n'est resté, directement ou indirectement, imperméable aux innovations introduites par Léonard. Chacune de ses principales peintures d'histoire a contribué de manière significative à faire évoluer le genre, en particulier dans le domaine de la peinture religieuse. Ses portraits ont ouvert la voie à la fois aux recherches psychologiques les plus raffinées et aux sophistications formelles les plus élaborées, dont on trouve par exemple la trace chez Bronzino. La plupart de ses trouvailles furent diffusées à travers toute l'Europe grâce aux innombrables copies, variantes et pastiches de ses compositions. La technique très libre employée dans ses esquisses et travaux préparatoires (voir Dessin) exerça une profonde influence sur les processus de création suivis par les artistes italiens, de manière très radicale chez le jeune Raphaël, mais aussi, bien qu'il s'en soit défendu, chez Michel-Ange.

Aucun des suiveurs de Léonard ne parvint à atteindre la même finesse ni la même souplesse que lui dans le rendu des ombres ou le modelé des figures et des objets, mais sa technique picturale, en particulier le *sfumato* (voir Espace et lumière), permit de dépasser ce que Vasari* appelait la « manière sèche » propre aux peintres du XVᵉ siècle.

Dans les domaines de la sculpture*, de l'architecture* et des créations éphémères*, l'influence de Léonard est plus difficile à évaluer, en l'absence d'œuvres parvenues jusqu'à nous qu'on puisse lui attribuer avec certitude. L'étendue, la diversité et la profondeur de ses recherches scientifiques étaient assez largement hors de portée pour la plupart des artistes de son temps et même des périodes suivantes, mais ses théories* artistiques circulèrent assez bien dans les milieux académiques, bien que la première édition du *Traité de la peinture** remonte à 1651 seulement. La fortune iconographique de ses créations fut considérable dans toute l'histoire de l'art européen, depuis les fines interprétations d'Antoine Watteau jusqu'aux iconoclasmes irrévérencieux de Marcel Duchamp, en passant par l'admiration inconditionnelle de Pierre-Paul Prud'hon.

■ JOCONDE

L e *Portrait de Monna Lisa del Gio-condo*, dit la *Joconde* (Paris, musée du Louvre) est signalé dans l'atelier de Léonard à Amboise vers 1517, puis à Milan* en 1525 ; il passe ensuite dans la collection de François Ier* à Fontainebleau, où Cassiano dal Pozzo le verra en 1625. En 1800, il est installé dans la chambre de Bonaparte, avant d'être exposé, à partir de 1804, au Louvre. Son attribution n'a jamais été mise en doute, mais sa datation reste controversée ; sans doute commencé vers 1503-1504, il a certainement été achevé vers 1513-1514 : le paysage rocheux à l'arrière-plan peut en effet être rapproché d'études et de dessins* géologiques datant de cette période, ainsi que de méditations sur la transformation des roches sous l'effet de l'eau et de l'air. L'identification traditionnelle du modèle, souvent remise en cause par le passé, a été récemment confirmée par un document d'archives. Vasari* a laissé de l'œuvre une description d'une exemplaire acuité : « Devant ce visage, ceux qui désiraient savoir ce que peut l'imitation de la nature par l'art le comprenaient sans peine ; les moindres détails permis par la finesse de la peinture y étaient reproduits. [...] Le modelé de la bouche, avec le passage fondu du rouge des lèvres à l'incarnat du visage, n'était pas fait de couleur, mais de chair. Au creux de la gorge, le spectateur attentif saisissait le battement des veines. Il faut reconnaître que l'exécution de ce tableau est à faire trembler de crainte le plus vigoureux des artistes, quel qu'il soit. » Définie par André Chastel comme « l'illustre incomprise », la *Joconde* doit sans doute être regardée en faisant abstraction des interprétations romantiques dont elle a fait l'objet depuis des siècles. Image d'une femme ni particulièrement belle ni particulièrement séduisante, elle résulte d'un long processus d'élaboration au cours duquel Léonard s'est peu à peu éloigné de la conception traditionnelle du portrait psychologique individualisé, pour en faire un modèle universel où il a rassemblé la totalité de ses connaissances et concentré toute son attention sur le rendu des trois dimensions, sur la palpitation du sang sous l'épiderme, sur une description de la nature qui cherche à en rendre les perpétuelles métamorphoses, sur le jeu des muscles de la bouche délicatement contractés en une ébauche de sourire, dont Vasari donne une explication aussi simple qu'étonnante : « Léonard s'avisa de faire venir, pendant les séances de pose, chanteurs, musiciens et bouffons, pour la rendre joyeuse et éliminer cet aspect mélancolique que la peinture donne souvent aux portraits ; il y avait dans celui-ci un sourire si attrayant qu'il donnait au spectateur le sentiment d'une chose plus divine qu'humaine. »

Léonard de Vinci, *Portrait de Monna Lisa del Giocondo*, dit la *Joconde*, v. 1503-1514, huile sur bois, 77 x 53 cm.
Paris, musée du Louvre

« *Concevoir est l'œuvre du maître, exécuter, l'acte du serviteur.* »

(*Codex Atlanticus*, 76 v.)

◼ Jove (Paolo)

Vers 1527, l'humaniste Paolo Jove (1483-1552) rédigea, en préparation d'un recueil de *Vies des hommes illustres*, la première notice biographique sur Léonard (voir aussi Anonimo Gaddiano et Vasari). Malgré sa brièveté et quelques inexactitudes, elle n'est pas dénuée d'intérêt. Elle insiste par exemple à juste titre sur l'importance du lien entre art et science* : « Léonard, né dans l'humble village toscan de Vinci, ajouta un grand éclat à l'art de la peinture ; il établit que celui-ci ne pouvait être correctement exercé par ceux qui ne pratiquaient pas les sciences et les disciplines supérieures, aides indispensables de la peinture. » Elle donne quelques indications précieuses sur la façon dont il travaillait : « Il plaçait le modelage avant l'exercice du pinceau, comme modèle à imiter sur une surface plane. Rien n'était plus important à ses yeux que les règles de l'optique (voir Espace et lumière), qui lui permirent de rendre très attentivement, jusque dans le moindre détail, la distribution de la lumière et les lois des ombres. Il avait aussi appris, dans les écoles des médecins, à disséquer les cadavres des criminels, malgré le caractère inhumain et dégoûtant de ce travail, afin de peindre les flexions et les efforts des différents membres selon l'action des muscles et l'ordre naturel des articulations (voir Anatomie et physiognomonie). C'est pourquoi il dessina sur des planches, avec un soin admirable, les formes de tous ces éléments jusqu'aux moindres petites veines et l'intérieur des os, afin de répandre l'œuvre de tant d'années, grâce à l'estampe, en d'innombrables exemplaires, pour le bénéfice de l'art. » Elle se fait l'écho de reproches traditionnellement adressés à l'artiste : « Mais comme il passait son temps à en [de l'art] explorer les régions difficiles, son esprit versatile et son inconstance naturelle (voir Personnalité) lui firent repousser toujours l'exécution et achever très peu d'ouvrages. » Elle offre enfin un premier témoignage de la variété de ses dons et de la fascination exercée sur ses contemporains : « Il était d'un esprit amène, brillant, généreux, avait le visage extrêmement attrayant, et comme il était un merveilleux arbitre et inventeur de toutes sortes d'amusements et de loisirs distingués, surtout de spectacles (voir Créations éphémères), et aussi expert à chanter en s'accompagnant de la lyre, il fut très cher à tous les princes de son époque. »

Léonard de Vinci, étude d'anatomie, in *Manuscrit de Windsor*. Windsor Castle, Royal Library.

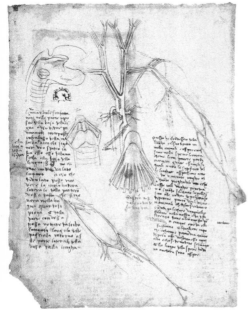

AVARCNA NABAS VALLIS BREGNI ET

■ Lomazzo (Giovanni Paolo)

Peintre, mais aussi et surtout auteur d'importants traités sur la peinture, Giovanni Paolo Lomazzo (1538-1600) est l'un des plus importants personnages de la vie culturelle lombarde de la seconde moitié du XVIe siècle. Formé dans l'atelier de Giovanni Battista della Cerva à partir de 1552, il manifesta cependant très tôt une attention marquée pour d'autres artistes, moins conservateurs que son maître. Ses premières œuvres sont très sensibles aux modèles fournis par Léonard et par Luini*, notamment un cycle de fresques réalisées vers 1556 (Caronno Milanese, église de Santa Maria Nuova). Dans un de ses écrits, il rapporte avoir peint vers cette période de nombreux portraits, mais, à ce jour, aucun n'a pu être identifié avec certitude. Au début des années 1560, un

Giovanni Paolo Lomazzo, *Autoportrait*, huile sur toile. Milan, Pinacoteca di Brera.

71

séjour à Rome* lui offre la possibilité de compléter son éducation artistique à travers l'étude de Michel-Ange et des maniéristes romano-toscans. Plusieurs œuvres postérieures à son retour à Milan*, par exemple le *Sacrifice de Melchisédech*, conçu pour la bibliothèque de Santa Maria della Pace, ont malheureusement été perdues. En 1568, il signe son *Autoportrait* (Milan, Pinacoteca di Brera). Trois ans plus tard, il achève un important cycle de peintures pour la chapelle Foppa de l'église San Marco, probablement sa meilleure création. Entre la fin des années 1560 et le début des années 1570, il se consacre d'ailleurs essentiellement à de grands tableaux d'autel, avec notamment *Saint François recevant les stigmates* (Milan, église San Barnaba). Devenu aveugle en 1572, il s'applique à l'enseignement et à la rédaction de textes d'histoire et de théorie de l'art, où les développements sur le calcul des proportions, l'expression des sentiments, la définition des valeurs chromatiques et le traitement du clair-obscur doivent beaucoup aux idées et préceptes de Léonard. Ses ouvrages sont en outre fondamentaux pour la connaissance de la peinture lombarde de la Renaissance.

Bernardino Luini, *Salomé reçoit la tête de saint Jean-Baptiste*, huile sur toile, 62 x 55 cm. Paris, musée du Louvre.

■ Luini (Bernardino)

La formation et la période de jeunesse de Bernardino Luini (vers 1485-1532) font encore l'objet de controverses entre spécialistes. L'hypothèse selon laquelle il aurait effectué dans sa jeunesse un voyage de formation à Florence* et à Rome*, ne repose que sur l'attribution par quelques critiques d'une copie (Venise, collection particulière) de la *Déposition* de Raphaël

(Rome, Galleria Borghese). La paternité de la *Vierge à l'Enfant avec deux saints* (Paris, musée Jacquemart-André), datée de 1507 et signée « Bernardinus Mediolanensis », est toujours très discutée. Seule la fresque représentant la *Vierge à l'Enfant avec deux anges musiciens* (1512, Chiaravalle, abbaye) fournit un point de départ certain pour la reconstitution du catalogue de ses premières œuvres ; on y décèle l'influence de la tradition lombarde illustrée par Foppa et Bergognone, enrichie par une reprise partielle du *sfumato* (voir Espace et lumière) léonardesque. L'assimilation de la leçon de Bramantino s'exprime dans des tableaux tels que *Saint Sébastien* (autrefois dans la collection Contini Bonacossi de Florence), tandis que ses recherches sur la construction spatiale et la perspective trouvent leur aboutissement avec l'*Annonciation* (Milan, Pinacoteca di Brera). Il est probable que Luini ait séjourné à Rome en 1515, en même temps donc que Léonard et Solario*, et qu'il ait élaboré à cette occasion la fusion stylistique si personnelle entre le classicisme de l'Italie centrale et l'enseignement de Léonard, qui caractérise toute sa production ultérieure. On sait par exemple qu'il fut l'un des propriétaires du *Carton de Burlington House** et qu'il s'en inspira pour sa version de la *Sainte Famille* (Milan, Pinacoteca di Brera). Peintre fécond, il donna le meilleur de son aisance narrative dans de nombreux ensembles de fresques, en particulier celles de la chapelle Besozzi (achevées en 1530, Milan, église San Maurizio), que l'on peut considérer comme son chef-d'œuvre. Parallèlement, il peignit une abondante

série de *Madones* (un bel exemplaire au Louvre), qui seront très appréciées par les romantiques au XIXe siècle ; léonardesques par leur iconographie, elles adoptent en revanche un style où l'influence* du maître est filtrée par celle de Solario. La manière tardive de Luini trouve son apogée dans les fresques pour l'église Santa Maria degli Angeli de Lugano (1529-1530), qui trahissent quelques contacts avec la peinture germanique.

> *« Qui ne refrène pas la volupté s'égale aux bêtes.*
> *Point de seigneurie plus grande ou moindre que sur soi-même.*
> *Qui pense peu erre beaucoup.*
> *La résistance est plus facile au début qu'à la fin.*
> *Nul conseil n'est plus loyal que celui qui se donne sur un navire en péril.*
> *Que celui-là s'attende au désastre qui règle sa conduite sur les conseils*
> *d'un jouvenceau. »*

(*Manuscrit H,* Institut de France, 119 (24 r.) v.)

■ MADONE BENOIS

Généralement admise aujourd'-hui comme autographe, la *Vierge à l'Enfant*, plus connue sous le nom de *Madone Benois*, du nom de la famille qui en fut proprié-taire jusqu'au début du XIXᵉ siècle (Saint-Pétersbourg, musée de l'Ermitage), est peut-être l'une des deux « Vierge Marie » dont parle Vasari*, commencées par Léonard en 1478 et auxquelles il travaillait encore avant de partir pour Milan* en 1482. Elle fut découverte par la critique au moment de son exposition en compagnie d'autres tableaux provenant de collections particulières russes, sans que l'on ne sache rien de son historique antérieur ; peinte à l'origine sur bois, elle fut transportée sur toile au moment de son acquisition par le tsar Nicolas II (1914) ; des analyses techniques ont en outre montré que le paysage sur lequel s'ouvre la fenêtre a probablement été repeint, ce qui laisserait supposer que l'œuvre était restée inachevée. On y sent l'artiste désormais presque totalement détaché de l'enseignement de Verrocchio* et prenant ses distances par rapport à sa propre manière antérieure. L'expression de la Vierge, vive, animée et souriante, semble témoigner de l'intérêt croissant de Léonard pour les sculptures de Desiderio da Settignano. Pour la première fois, le peintre construit le visage de la protagoniste sur le modèle d'un triangle isocèle inversé. Cette trouvaille lui permet de donner au personnage grâce et équilibre, tout

en se conformant à la structure réelle du visage humain. Comparée à celle de l'ange dans le *Baptême du Christ*, la tête de la Vierge apparaît plus solidement structurée et plus minutieusement soignée ; elle se distingue aussi beaucoup de celles visibles dans les deux versions de l'*Annonciation*, la *Madone Dreyfus** et la *Vierge à l'œillet**. La *Madone Benois* se présente donc comme une œuvre de transition, préfigurant de nouvelles typologies expressives, qui seront finement perfectionnées dans les tableaux ultérieurs, en particulier l'*Adoration des Mages*. Mais son importance tient surtout à la manière dont Léonard expérimente une technique nouvelle pour faire émerger de l'ombre deux figures situées dans un intérieur, grâce à l'opposition très calculée de deux sources d'éclairage, l'une provenant de la fenêtre percée dans le mur du fond et l'autre descendant d'un point situé quelque part en haut à gauche, à l'extérieur du tableau. Il obtient ainsi un subtil modelé des personnages par l'ombre et la lumière et un puissant effet de clair-obscur, qu'il théorisera dans un de ses manuscrits* (voir le passage cité à l'article Beauté : « Un haut degré de grâce est conféré… »). À en juger par le nombre de copies dont l'œuvre fit très tôt l'objet chez les peintres florentins, dont une très belle due à Filippo Lippi (Rome, Galleria Colonna), on imagine sans peine le succès de cette trouvaille.

Léonard de Vinci, *Vierge à l'Enfant*, dite *Madone Benois*, v. 1478-1482,
huile sur bois transposée sur toile, 49,5 x 31,5 cm.
Saint-Pétersbourg, musée de l'Ermitage.

« Le désir de savoir est naturel aux bons. »

(*Codex Atlanticus*, 119 v.)

MADONE DREYFUS

■ Madone Dreyfus

Naguère attribuée par une partie de la critique à Lorenzo di Credi ou à d'autres élèves de Verrocchio*, la *Vierge à la grenade*, plus connue sous le nom de *Madone Dreyfus* (Washington, National Gallery of Art) n'a été que récemment rendue à Léonard par la majorité des chercheurs. Datable aux environs de 1469-1470, elle devrait donc être considérée comme sa plus ancienne peinture parvenue jusqu'à nous. Elle présente toutes les caractéristiques d'un tableau réalisé dans l'atelier de Verrocchio. On peut certes regretter quelques maladresses, comme le raccourci de l'avant-bras gauche de la Vierge et le manque de relation psycho logique ou gestuelle entre les personnages ; mais sa finesse, sa délicatesse, la douceur des incarnats et la précision de la touche, n'ont pas d'équivalent dans la production de Verrocchio et de ses disciples. De nombreux détails tels que la main gauche de la Vierge, le pli du bras droit de l'Enfant, ou encore le diadème, annoncent la *Vierge à l'œillet**, légèrement postérieure. La palette est, elle aussi, typique de Léonard, avec sa combinaison de rouge, de vert sombre, de jaune, de bleu et de violet ; quelques touches de blanc servent essentiellement à la définition des draperies. Des radiographies ont permis de constater que les montagnes bleutées à l'arrière-plan ont été ajoutées dans un second temps, mais presque certainement par l'artiste lui-même. D'un point de vue iconographique, Léonard se distingue radicalement des *Madones* peintes par Botticelli à la même époque : isolant les deux personnages, il évite de surcharger la scène de figures d'anges et de la transformer en exercice de symétries formelles, lui donnant au contraire un caractère domestique et familier très accentué.

◼ Manuscrit de Turin

Acquis en 1893, grâce à la donation Sabachnikoff, par la famille royale d'Italie, le cahier de treize pages aujourd'hui conservé à la Biblioteca Reale de Turin traite essentiellement du vol des oiseaux. Après les vastes mais infructueuses recherches sur le vol artificiel menées durant son premier séjour à Milan*, Léonard se consacre à l'étude du vol des oiseaux dès son retour à Florence*, en 1500. Au bout de cinq ans, il a compilé de nombreuses observations sur leur comportement par rapport au vent. Il distingue deux grandes catégories de mouvements, « l'un toujours en spirale à la manière d'une vis, l'autre rectiligne et courbe », mais ce sont surtout les premiers qui le fascinent : « Cet oiseau s'élèvera haut, qui, au moyen d'un mouvement circulaire en forme de vis, opérera son mouvement réfléchi contre l'arrivée du vent et contre la fuite de ce vent, en se tournant toujours de son côté droit ou gauche. » Il croit en effet y reconnaître la force vitale de la nature et, par analogie, les perçoit aussi dans la circulation du sang, les tourbillons d'eau, les ramifications des plantes. Il les traduit aussi dans ses peintures de la même époque, dans la ligne serpentine de *Léda* ou les enchevêtrements de cavaliers de la *Bataille d'Anghiari*. Tou-

jours vers 1505, il reprend son projet de machine volante : ajoutant à ses observations sur le vol des oiseaux des données relatives au principe de gravité et à la mécanique des poids, il conçoit une structure ayant assez peu besoin de l'énergie musculaire de l'homme qui la meut, mais susceptible de se laisser porter par les courants aériens, grâce à d'immenses ailes amovibles, en grande partie analogues à celles des chauves-souris. Les schémas sont accompagnés d'une plaidoirie passionnée répondant par avance à toutes les objections, qui se termine par la célèbre prophétie : « Le grand oiseau prendra son premier envol, au sommet du grand Cècero [la colline, près de Florence, d'où la machine volante devait s'élancer dans les airs], remplissant de sa renommée toutes les écritures et assurant une gloire éternelle au nid où il naquit. »

Léonard de Vinci, page du « Manuscrit sur le vol des oiseaux », plume et encre sur papier. Turin, Biblioteca Reale.

Léonard de Vinci, « Machine pour voler et parachute », dans *Codex Atlanticus*, fol. 381v. Milan, Biblioteca Ambrosiana.

▓ **Manuscrits**

À la mort de Léonard, son disciple et ami Francesco Melzi* hérita par testament de la totalité de ses manuscrits. Il les emporta avec lui en Italie, les utilisa pour sa compilation du *Traité de la peinture** et les conserva tous dans sa villa de Vaprio d'Adda, près de Milan*, jusqu'à sa mort, survenue en 1570. À cause de la négligence de son fils Orazio, treize manuscrits furent volés vers 1585 par le tuteur de la famille, Gavardi d'Asola. En 1588, le chanoine Ambrogio Mazenta réussit à convaincre ce dernier de restituer ce qu'il avait dérobé, mais Orazio ne récupéra que sept des treize manuscrits. Ils devinrent ensuite propriété de Pompeo Leoni, sculpteur à la cour de Madrid, qui par ailleurs acquit sur le marché de l'art milanais tous les textes de Léonard qu'il put trouver ; il les transféra avec lui à Madrid en 1590.

Après sa mort, ses héritiers les proposèrent en 1614 au grand-duc de Toscane qui, par une décision que l'on a aujourd'hui le plus grand mal à s'expliquer, les refusa.

Vers le début des années 1630, plusieurs carnets prirent la route de l'Angleterre, après avoir été acquis par Lord Arundel. À la même période, un ensemble important passa dans les collections du comte Galeazzo Arconati, qui en 1637 en fit don à la Biblioteca Ambrosiana de Milan.

En 1795, Napoléon Bonaparte ordonna le transfert de ce fonds à l'Institut de France ; seul le *Codex Atlanticus** reviendra à Milan à la suite du Congrès de Vienne (1815). Au milieu du XIXe siècle, eut lieu l'affaire Guglielmo Libri. Cet Italien naturalisé Français avait fait une brillante carrière de fonctionnaire dans les bibliothèques françaises ; il profita d'une inspection à l'Institut pour voler plusieurs feuilles, découpées dans les manuscrits. Réfugié en Angleterre, il les vendit à Lord Ashburnam : la plupart furent ensuite perdues, mais treize d'entre elles furent achetées en 1867 par le comte Giacomo Manzoni, dont les héritiers les vendirent au prince russe Sabachnikoff, qui les légua en 1893 à la famille régnante d'Italie (voir Manuscrit de Turin).

Le seul manuscrit de Léonard à avoir connu un historique linéaire est le *Codex Hammer**. Ainsi, les carnets léonardiens parvenus jusqu'à nous se répartissent aujourd'hui entre Paris, Milan, Londres, Turin, Madrid et Los Angeles, symbolisant peut-être par la variété de leurs localisations l'universalité du génie de leur créateur.

◼ Manuscrits de l'Institut

On appelle *Manuscrits de l'Institut*, les douze carnets que Bonaparte fit transférer en 1795 de la Biblioteca Ambrosiana de Milan* à la bibliothèque de l'Institut de France à Paris, où ils sont aujourd'hui encore conservés. À la fin du XVIIIe siècle, ils furent classés de A à M par l'abbé Giovan Battista Venturini. De format réduit, ils ont gardé la structure et la composition que leur avait données Léonard. Le *Manuscrit A*, écrit vers 1490-1492, traite surtout du mouvement, à la fois comme objet de la science physique et comme défi à la représentation picturale. Le *Manuscrit B*, qui date de 1487-1489, a pour thème principal des questions d'ingénierie et d'architecture militaire. Le *Manuscrit C* aborde le délicat problème des rapports de l'ombre et de la lumière. Le *Manuscrit D*, probablement achevé vers 1491, contient l'ensemble le plus cohérent des notes concernant l'optique, envisagée surtout dans son apport à la compréhension des arts visuels. Le *Manuscrit E*, un des textes les plus tardifs de Léonard, rassemble de nombreuses notes sur la mécanique des poids et le vol des oiseaux, autour du projet d'une machine volante (voir aussi Manuscrit de Turin). Le *Manuscrit F* (1508) est presque entièrement consacré à l'eau, un des thèmes récurrents de la pensée de Léonard, ainsi qu'à des questions d'astronomie et de géométrie. Le *Manuscrit G* est divisé en deux grandes parties : la première (1510-1511) est un traité de botanique appliqué à la représentation picturale des plantes ; la seconde (1515), moins homogène, inclut surtout un projet de miroir utilisé

Léonard de Vinci, tête de chien et dessin d'architecture, *Manuscrit I*, fol. 48r., 1497-1499. Paris, bibliothèque de l'Institut.

comme machine de guerre. Le *Manuscrit H* (1493-1494) revient sur le thème de l'eau ; il comprend aussi plusieurs fables* et allégories moralisantes. Le *Manuscrit I* (1497-1499) aborde dans le désordre les sujets les plus variés, y compris des cryptogrammes en langue turque. Le *Manuscrit K* (vers 1503-1507) se compose de trois carnets, tous consacrés à la géométrie. Le *Manuscrit L* (1497-1504) s'ouvre avec quelques notes pour la *Cène**, suivies de divers projets militaires et civils. Le *Manus-*

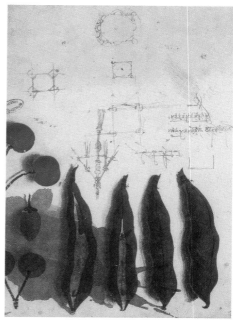

Léonard de Vinci, fruits, légumes et dessins d'architecture, *Manuscrit B*. Paris, bibliothèque de l'Institut.

crit M (1499-1500) témoigne de la passion jamais démentie de Léonard pour la géométrie et pour la physique ; il montre aussi des plans de ponts, dont l'un dû à Bramante*.

▩ Manuscrits de Madrid

L'historique de ces deux volumes présente quelques lacunes, mais il semble désormais certain qu'il s'agit de deux livres ayant appartenu au début du XVIIe siècle à Don Juan Espina, qui les acquit probablement dans la capitale espagnole auprès des héritiers de Pompeo Leoni et refusa de les céder à Lord Arundel, ayant au contraire exprimé son intention de les offrir au roi d'Espagne. Il est vraisemblable qu'ils soient passés dans les collections de la couronne au plus tard après la mort d'Espina ; ils sont en tout cas mentionnés dans l'inventaire du Palais royal établi entre 1831 et 1833. Une erreur de transcription commise lors de leur transfert du Palais à la Bibliothèque royale (actuelle Bibliothèque nationale) fit qu'on les chercha en vain pendant des décennies, jusqu'à leur redécouverte spectaculaire, en 1966, qui accrut

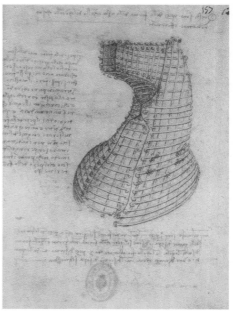

Léonard de Vinci, *Codex Madrid,* fol. 57r. (étude pour une sculpture équestre), plume et encre foncée sur papier. Madrid, Biblioteca Nacional.

considérablement nos connaissances sur Léonard et fit renaître l'espoir de retrouver certains autres de ses manuscrits perdus. Le *Codex Madrid I* remonte pour l'essentiel aux années 1490, mais Léonard continua d'y travailler jusqu'en 1508. Il se divise en deux parties. La première contient les schémas de mécanismes extrêmement sophistiqués, en particulier de magnifiques dessins* d'horlogeries, dont la finesse et la précision font penser aux planches de l'*Encyclopédie* de Diderot et d'Alembert. La seconde traite de questions de mécanique théorique, avec un intérêt marqué pour les problèmes liés au mouvement, à la résistance des matériaux et à l'hydrologie. Le *Codex Madrid II* est composé de deux carnets chronologiquement et thématiquement distincts. Le premier remonte aux années 1503-1505 : il inclut des plans de fortifications pour Piombino, un projet de canalisation de l'Arno visant à maîtriser la violence de ses crues et à favoriser le développement des activités écono-

Léonard de Vinci, *Codex Madrid,* fol. 149r. (étude de cheval et autres figures), plume et encre sur papier. Madrid, Biblioteca Nacional.

miques autour de Florence*, ainsi que des schémas d'ingénierie militaire ; surtout, il renferme des notes de première importance sur la *Bataille d'Anghiari*, sur l'optique et sur la perspective, et une liste de livres à partir de laquelle les chercheurs ont tenté de reconstituer la bibliothèque de Léonard. Le second, datable vers 1491-1493, contient le projet définitif pour le monument équestre de Francesco Sforza (voir Sculpture), accompagné d'indications très précises pour sa fusion en bronze.

Manuscrits de Windsor

De même que le *Codex Atlanticus**, le volume de deux cent trente-quatre feuilles entré dans les collections royales anglaises vers 1690 (Windsor Castle, Royal Library), après avoir appartenu à Lord Arundel, était à l'origine une compilation due au sculpteur Pompeo Leoni. Une longue campagne de restauration, achevée en 1994, a conduit à séparer chacune des feuilles, permettant ainsi de mieux en assurer la conservation,

Léonard de Vinci, étude de fleur et autres végétaux, in *Manuscrit de Windsor*, crayon et plume sur papier. Windsor Castle, Royal Library.

. 130.

de les classer selon des critères à la fois chronologiques et thématiques, et d'aboutir à une structure plus cohérente que celle imaginée par Leoni. Les dessins* consacrés à l'anatomie* (environ deux cents) forment l'ensemble le plus important ; ils sont le fruit de trente années d'études menées directement par Léonard sur des cadavres. La manière dont il décrit la « machine » corporelle se perfectionna au cours des ans, pour déboucher sur des schémas extraordinairement détaillés et précis. Une soixantaine de feuilles représentent des paysages, subdivisés en catégories (paysages narratifs, études de montagnes, études de plantes, de cours d'eau, paysages symboliques et surtout une longue série d'impressionnants déluges). Datables aux environs de 1513-1515, ils dépassent le plus souvent la simple reproduction des phénomènes naturels pour atteindre une dimension allégorique, à travers des visions apocalyptiques traduisant le pessimisme de l'artiste à la fin de sa vie. La plupart des études d'animaux montrent des chevaux, études préparatoires pour l'*Adoration des Mages**, la *Bataille d'Anghiari* et les monuments équestres de Sforza et de Trivulzio (voir Sculpture). Les *Manuscrits de Windsor* incluent aussi de splendides études préparatoires pour la *Vierge aux rochers** et pour la *Cène**, ainsi que plusieurs figures religieuses ou mythologiques souvent conçues comme de simples exercices. Enfin, un ensemble plus hétérogène comprend des rébus, des emblèmes et des allégories, une vingtaine de cartes géographiques, des notes à caractère scientifique sur le mouvement des eaux, sur l'architecture* et sur la mécanique.

Francesco Melzi (?), *Flore*, 1520, huile sur toile. Saint-Pétersbourg, musée de l'Ermitage.

■ Melzi (Francesco)

Descendant d'une noble famille lombarde, Francesco Melzi (vers 1491-1493 – 1570) fit dès sa jeunesse la connaissance de Léonard. La preuve en est fournie par une lettre de ce dernier, datée de 1508, où il se plaint de ne pas avoir reçu de réponse à ses nombreuses missives. La fréquentation par Melzi de l'atelier* du maître est en outre confirmée par une feuille à la sanguine (Milan, Biblioteca Ambrosiana), dont le style se ressent fortement de la technique graphique (voir Dessin) du toscan. En 1513, Léonard écrit avoir « quitté Milan* pour Rome* […] en compagnie de Giovan Francesco de Melsi » et de trois autres élèves ; Melzi est en revanche le seul à le suivre lors de son départ pour la France* en 1517. Le 23 avril 1519, Léonard rédige son testament et nomme Melzi son exécuteur universel et l'héritier de tous ses biens, y compris les œuvres restées dans son atelier et la totalité de ses manuscrits*. Le 1er juin, Melzi communique par lettre à ses frères la nouvelle du décès de son mentor. Il semble être resté quelque temps en France au service de François Ier* avant de rentrer en Italie et même avoir obtenu les titres de *Familiaris* du souverain et gentilhomme de la cour. Il se trouve donc être le dépositaire de la totalité du legs artistique et scientifique de Léonard, qu'il conserve dans sa propriété de Vaprio d'Adda, et devient aux yeux de ses contemporains le possesseur privilégié des secrets de Léonard, comme en témoigne une lettre du correspondant milanais du duc Alfonso d'Este de Ferrare (6 mars 1523). Son seul tableau signé et daté, un *Portait*

de jeune homme avec un perro-
quet (1525, Milan, collection
Gallarati Scotti), laisse penser
qu'une telle réputation était
quelque peu surfaite. Sur la base
de rapprochements stylistiques,
on a attribué à Melzi un petit
groupe de peintures, parmi lesquelles une *Sainte Famille*
(Prague, Narodni Galerie) et
une *Vénus* (Washington, National Gallery of Art) autrefois
donnée à Luini*, mais la
reconstitution de sa production
picturale demeure très problé-

matique. En 1565, il reçoit la
visite de Vasari*, qui parle de
lui comme d'un vieillard
affable. Sa disparition devait
marquer le début de la disper-
sion irrémédiable de l'héritage
léonardesque (voir Manuscrits).

*« Pauvre élève qui ne surpasse
point son maître. »*

(*Codex Forster III*, 66 v.)

■ Milan

À la Renaissance, le duché de Lombardie ne jouit pas du prestige culturel d'une région comme la Toscane, mais il s'agit d'un des États italiens économiquement les plus prospères et militairement les plus puissants. Pendant un siècle, Milan a été entre les mains de la famille Visconti, qui a favorisé le développement d'une dynamique classe moyenne d'intellectuels, de marchands et de chefs militaires, les *condottieri*. L'un d'entre eux, Francesco Sforza, a pris le pouvoir en 1449. Il s'est efforcé de faire de la ville un foyer artistique susceptible de rivaliser avec Florence* ou Rome*, attirant entre autres des architectes de l'école toscane, qui multiplièrent les plans plus ou moins utopiques de « cité idéale », profitant du peu de contraintes imposées par les monuments déjà existants ; le plus ambitieux projet urbanistique de la période demeure toutefois la construction du Castello Sforzesco, citadelle du pouvoir séparée du reste de la ville. À la mort de Francesco, en 1466, le pouvoir passa entre les mains de son fils Galeazzo Maria, qui

Filarete, « Plan de la cité idéale de Sforzinda », page du *Traité d'Architecture*, *Codex Magliabecchiano*, lettre II, fol. 43r., 1462-1464. Florence, Biblioteca Nazionale.

mourra assassiné en 1476 ; son fils Gian Galeazzo, âgé de sept ans et successeur désigné, se verra peu à peu enlever toute autorité réelle par son oncle Ludovico, qui le fera empoisonner en 1480 et présidera seul aux destinées de la Lombardie jusqu'en 1499, entretenant l'une des cours les plus fastueuses de son temps. Dans le domaine artistique, le gothique tardif continua à dominer la production locale, avec un répertoire de sujets et de styles bien illustré par Bonifacio Bembo. Seul Vincenzo Foppa tenta d'assimiler la perspective des Toscans tout en restant fidèle à la tradition naturaliste lombarde, enrichie par l'apport flamand et provençal. Les innovations révolutionnaires, introduites par Bramante* à partir de 1474 et par Léonard à partir de 1482, se heurtèrent d'abord à une tradition conservatrice encore liée au Moyen Âge. Dans un second temps, leurs recherches contribuèrent, en architecture* et en sculpture*, à l'apparition de tendances clairement classicisantes. La peinture devait suivre une évolution plus sinueuse : Bramantino filtra les influences modernes à travers un langage éminemment personnel, tandis que la leçon léonardesque était surtout assimilée par des peintres tels que Boltraffio*, Cesare da Sesto*, les frères De Predis*, Lomazzo*, Luini*, Melzi* et Solario*. Après la chute des Sforza en 1499, Milan devint pendant plusieurs décennies l'enjeu de la rivalité entre les rois de France et Charles Quint, qui finira par remporter le conflit et par faire passer la ville sous influence espagnole pour plus d'un siècle.

Néoplatonisme

Le pragmatisme de Léonard tendait naturellement à l'éloigner des systèmes théoriques préétablis. Sa vigilance mentale toujours en éveil le conduit à la plus grande méfiance envers les « sciences mensongères » et, d'une manière plus masquée, envers la théologie. Toutefois, sa pensée scientifique est encore assez éloignée de la physique mathématique de Descartes ; et son rêve d'une synthèse totale de la connaissance humaine le rapproche dans une certaine mesure de la philosophie néoplatonicienne. Ce mouvement de pensée était né à Florence* au sein de l'« Académie platonicienne », qui regroupait, autour du philosophe Marsile Ficin (1433-1499), quelques intellectuels et hommes de lettres ayant en commun une admiration fervente pour les dialogues de Platon et avec laquelle Léonard eut certainement quelques contacts dans sa jeunesse, bien qu'il ait été handicapé par son ignorance du latin et du grec. Ficin conçoit l'univers comme une structure strictement hiérarchisée en quatre éléments : l'intellect cosmique, domaine purement intelligible et supra-céleste ; l'âme cosmique, incorruptible, mais pas immuable ; le règne de la nature, composé par les associations et les dissociations de la forme et de la matière ; le règne de la matière, inerte et sans vie. De même que le monde se partage entre un domaine matériel et un domaine immatériel, l'homme est composé d'un corps et d'une âme, elle-même divisée en *anima prima* et *anima secunda*. Cette dernière lui est commune avec les animaux privés de raison, tandis que la première est capable d'atteindre, à travers l'ascèse spirituelle, la connaissance rationnelle et la pratique de l'art à son plus haut niveau, la contemplation directe de Dieu. L'homme occupe ainsi parmi les créatures terrestres une place unique et il peut obtenir, avant sa mort, un bonheur temporel qui est aussi garant de sa rédemption dans l'au-delà et qui peut prendre deux formes : la vie active ou la vie contemplative. On retrouve dans la pensée de Léonard, bien que sous une forme différente, l'établissement d'une analogie entre l'organisme humain et la structure du monde (voir Beauté). Son pessimisme croissant l'amènera cependant, par exemple dans les

Raphaël,
L'École d'Athènes,
1509-1510,
fresque.
Vatican,
Chambre de la
Signature.

dessins de *Déluges* (Windsor Castle, Royal Library) qu'il multiplia à la fin de sa vie, à une vision du monde où les forces brutes de la nature effacent toute trace d'activité humaine.

Paragone

Le thème du *paragone*, autrement dit la comparaison entre la valeur respective des différents arts, semble avoir beaucoup occupé Léonard entre 1495 et 1499. Cette discussion, souvent académique et creuse chez les autres auteurs de la Renaissance, revêt pour lui une importance fondamentale, car elle commande toute la structure de sa pensée et le conduit à placer la peinture au sommet de l'activité de l'esprit. Son raisonnement se développe en trois temps. En opposition avec la pensée scolastique, il commence par prêter une valeur très particulière à la notion d'expérience, premier fondement de la connaissance, qui prend corps soit à travers l'élaboration de modèles mécaniques, soit à travers la pratique du dessin*. Dans un deuxième temps, le propos se déplace : il s'agit maintenant de prouver la supériorité des arts de l'espace sur les arts du temps. Léonard oppose ainsi ceux réalisés dans la durée par la succession de leurs signes (la littérature et la musique) à ceux réalisés dans l'espace par la simultanéité de leurs signes (la sculpture* et la peinture, l'architecture* étant dès ce stade écartée en raison de son aspect trop mécanique). Il affirme ensuite que la prééminence des seconds tient à ce qu'ils sont les seuls capables d'offrir une perception synthétique de la nature, alors que les premiers ne peuvent dépasser le stade de l'analyse. Dans un troisième temps, il reste à départa-

Léonard de Vinci, « Ange et étude d'architecture (étude pour *La Cène* de Santa Maria delle Grazie), dans *Manuscrit de Windsor,* plume et encre sur papier. Windsor Castle, Royal Library.

ger la peinture et la sculpture. Ces deux arts de la représentation condensent toute la puissance du monde visible, mais la seconde ne dispose ni de la lumière, ni du même pouvoir d'illusion que la peinture, que Léonard s'efforcera de démontrer dans chacun de ses tableaux, par exemple à travers ses groupes de figures de conception plastique et sculpturale, acquise chez Verrocchio*, pour prouver que la troisième dimension appartient au peintre tout autant qu'au sculpteur. Au terme de son raisonnement, la peinture cesse définitivement d'être considérée comme une activité manuelle, les efforts des artistes du XVe siècle et de leurs porte-parole humanistes ayant d'ailleurs préparé le terrain en ce sens. Elle est *cosa mentale* et se trouve placée au sommet de l'édifice du savoir, opérant une synthèse totale entre l'esprit et le réel.

■ PEINTRE (STATUT DU)

Pour Léonard, l'éducation du peintre doit être conçue non seulement comme une suite d'exercices destinés à lui assurer la maîtrise technique de son art, mais aussi comme une véritable ascèse, qui libère son esprit des pièges de la subjectivité et de la facilité : « Le jeune homme doit d'abord apprendre la perspective, ensuite les proportions de toutes choses ; ensuite il travaillera d'après un bon maître, pour s'habituer aux belles formes ; ensuite d'après nature, pour s'imprégner des principes appris ; puis il étudiera quelque temps les œuvres de divers maîtres ; et enfin il apprendra à exercer et à appliquer lui-même l'art. » (*Manuscrit A*, Institut de France, 97 v.) Il est en effet d'une intransigeance absolue en ce qui concerne la dignité de l'artiste. Son intelligence hors du commun, la richesse et la profondeur de ses recherches scientifiques, sa conception de la peinture comme *cosa mentale* (voir Paragone), ne pouvaient que l'amener à condamner durement le peintre artisan, dont le travail routinier adapte avec plus ou moins de finesse des formules à la mode et des recettes toutes faites. Le peintre se doit de pratiquer constamment l'autocritique et de ne jamais céder à la moindre complaisance envers soi-même : « Sois donc désireux d'écouter patiemment les opinions d'autrui, et réfléchis bien et soupèse si le critique a raison ou non de te critiquer ; et si tu trouves que oui, corrige. » (*Ibid.*, 106 r.) Il faut, quoi qu'il arrive, maintenir un très haut niveau d'ambition et ne jamais renoncer à la recherche de la perfection. Cela implique un immense effort d'abstraction et la pratique assidue de la méditation solitaire : « Pour que la santé du corps ne fasse pas tort à celle de l'esprit, le peintre ou dessinateur doit rester solitaire, surtout quand il est porté à des spéculations et considérations qui, surgissant continuellement devant lui, en fournissent d'amples réserves à la mémoire. Seul, tu t'appartiendras tout entier ; avec un compagnon, tu ne t'appartiendras qu'à demi, et d'autant moins que son commerce est moins discret ; avec plusieurs, ces inconvénients seront multipliés. » (*Ibid.*, 107 v.) Léonard n'admet aucune limitation, pas même d'ordre moral ou religieux, à l'activité du peintre : plusieurs notes polémiques contre les « hypocrites » semblent par exemple manifester de manière à peine voilée son opposition à la réaction puritaine qui frappe les milieux artistiques florentins sous le gouvernement de Savonarole, à la fin du XVe siècle (voir Florence).

■ Personnalité

Les témoignages de ceux qui l'ont connu attestent tous du charme exercé par Léonard sur ses contemporains et du soin avec lequel il se présentait dans le monde, qui expliquent sans doute en grande partie son succès auprès des cours les plus prestigieuses de son temps. En contrepoint de cette politesse raffinée, il faut cependant aussi tenir compte de sa continuelle implication dans la préparation de meurtrières machines de guerre, dont la violence semble l'avoir fasciné. Personnalité paradoxale aux multiples facettes, il est capable de se laisser porter par sa curiosité scientifique à explorer sans préjugé tous les aspects de l'anatomie* et de la psychologie, tout en portant un jugement dédaigneux sur le caractère répugnant des activités physiologiques et de la folie des hommes. Le goût du secret, destiné le plus souvent à protéger ou à rendre incompréhensible à d'autres qu'à lui-même la plupart de ses inventions, semble avoir été l'une des principales caractéristiques de son psychisme : son écriture inversée, ne pouvant être déchiffrée que face à un miroir, en donne un parfait

Léonard de Vinci, *Autoportrait* (?), v. 1512, sanguine, 33,3 x 21,3 cm. Turin, Biblioteca Reale.

exemple. Il reste difficile de déterminer dans quelle mesure il a composé son propre personnage, dont le modèle pourrait avoir été l'image fabuleuse du sage magicien, du philosophe ingénieur détenteur du savoir universel, que les néoplatoniciens* célébraient à travers la figure d'Hermès. On ne possède aucun portrait certain de Léonard. On a parfois voulu le reconnaître dans plusieurs de ses propres œuvres ou dans celles de certains de ses contemporains, par exemple le *David* en bronze de Verrocchio* (Florence, Museo del Bargello) ou l'*École d'Athènes* de Raphaël (Rome, Musei Vaticani), sans que ces hypothèses aient jamais pu être confirmées. Quant au célèbre dessin* à la sanguine qui a long-temps passé pour son *Autoportrait* (Turin, Biblioteca Reale), rien ne prouve que l'identification traditionnelle du modèle soit correcte. Dans ses manuscrits*, il fait preuve d'une rare capacité d'autoanalyse et de dédoublement : l'exposé de ses théories* est souvent accompagné de réponses à un « adversaire » imaginaire, qu'il cherche à convaincre (voir Critique). Les notations de caractère biographique, qui concernent le plus souvent toutes sortes de détails pratiques, nous donnent rarement accès à sa vie intime ou ne le font que de façon allusive et énigmatique. La plus étonnante est sans doute celle-ci : « J'ai gaspillé mes heures. » (Windsor Castle, Royal Library, fol. 12 v.)

■ Portrait d'Isabelle d'Este

Autrefois attribué à Boltraffio*, le *Portrait d'Isabelle d'Este* (Paris, musée du Louvre, département des Arts graphiques) est aujourd'hui presque unanimement donné à Léonard, qui le peignit sans doute entre fin 1499 et début 1500, au moment de son séjour à Mantoue. Une lettre de Cecilia Gallerani (modèle de la *Dame à l'hermine**) à Isabelle d'Este, le recommande en effet comme l'un des portraitistes les plus doués de son temps et le plus apte à exécuter l'effigie de la célèbre marquise. Le pastel du Louvre n'a que peu suscité l'intérêt des critiques et des commentateurs, sans doute à cause de son très mauvais état de conservation et du fait que la présentation du visage selon un profil très strict, dont on ne connaît aucun autre exemple chez Léonard, est en grande partie dérivée d'une médaille dessinée en 1498 par Cristoforo Romano. Une telle attitude semble quelque peu injuste. On ne peut en effet qu'apprécier la façon dont le modèle domine avec autorité le premier plan et semble tourner lentement les épaules, selon un très subtil mouvement de trois quarts. La qualité d'exécution du visage laisse en revanche apparaître quelques faiblesses : on sait qu'Isabelle n'aimait pas poser longtemps devant ses peintres et Léonard a probablement dû se contenter de travailler à partir de la médaille de Romano. Reste que le style défini progressivement dans les portraits de sa première période lombarde trouve ici une expression pleinement satisfaisante, qui connaîtra beaucoup de succès en Vénétie. Le luthier Lorenzo Gusnasco da Pavia, dans une lettre du 13 mars 1500, compare par exemple la feuille de Léonard aux portraits de Giovanni Bellini, qui lui paraissent moins souples. Surtout, un artiste comme Giorgione saura mettre à profit les inventions de son aîné pour renouveler en profondeur la technique et l'iconographie du portrait vénitien (voir Venise).

Léonard de Vinci, *Portrait d'Isabelle d'Este*, v. 1499-1500, pierre noire, sanguine, rehauts de pastel jaune sur papier, 63 x 46 cm. Paris, musée du Louvre, département des Arts graphiques.

■ PORTRAIT D'UN MUSICIEN

Après bien des doutes et des hésitations, le *Portrait d'un musicien* (Milan, Pinacoteca Ambrosiana) a été récemment accepté comme une œuvre autographe par la plupart des spécialistes, qui le datent aux environs de 1485, en raison de ses fortes affinités stylistiques avec la *Vierge aux rochers**. L'identité du modèle n'a pas pu, à ce jour, être établie, malgré les nombreuses hypothèses avancées par les chercheurs. On a proposé les noms de Franchino Gaffurio et Josquin des Prez, sans apporter de preuves définitives. L'essentiel ne semble toutefois pas là, car beaucoup plus que le portrait d'un individu, il s'agit de celui d'un musicien représenté en tant que tel. Léonard paraît en effet avoir voulu montrer ce dont aucun peintre n'avait jusqu'alors donné d'expression visuelle : la sensation que se prolonge autour du modèle la vibration d'un son, comme si le personnage représenté, apparemment un chanteur, levait le regard de la partition qu'il tient de sa main droite juste après avoir émis la dernière note. Le tableau de l'Ambrosiana justifie ainsi pleinement l'expression de Vasari* selon laquelle Léonard « donna à ses modèles le mouvement et le souffle », renouvelant du même coup le débat sur le *paragone** entre les différents arts. Bien qu'il ait pu être influencé par Antonello de Messine, il trouva, dès ce premier portrait peint en Lombardie, une application personnelle de sa théorie* des « mouvements de l'âme » et de leurs effets physiologiques (voir Anatomie et physiognomonie), en dépit d'une apparente staticité, qui correspond en réalité à un déplacement à peine perceptible des muscles du visage et de la bouche. Des analyses scientifiques récentes n'ont pas permis de résoudre la question de savoir si la main est autographe ou non ; elle est certes peinte dans un pigment différent de celui utilisé pour le reste du tableau, mais il pourrait s'agir d'un ajout de Léonard légèrement postérieur à la réalisation du buste. La différence de dilatation entre les deux pupilles est expliquée par un passage du *Traité de la peinture** : « Notre pupille se dilate et se contracte selon la clarté ou l'obscurité de l'objet, et comme il lui faut pour cela un intervalle de temps, elle ne peut donc voir tout de suite lorsqu'elle passe de la lumière à l'ombre, ou de l'ombre en un lieu éclairé ; cela m'a déjà induit en erreur lorsque je peignais un œil et m'a servi de leçon. » (Voir aussi Espace et lumière.)

Léonard de Vinci, *Portrait d'un musicien*, v. 1485,
huile sur bois, 43 x 31 cm. Milan, Pinacoteca Ambrosiana.

Léonard de Vinci, *Portrait de Ginevra Benci*, v. 1474, tempera et huile sur bois, 38,5 x 36,7 cm. Washington, National Gallery of Art.

■ Portrait de Ginevra Benci

On ignore comment Léonard a fait la connaissance de la famille Benci, avec laquelle il demeure en relation jusque dans les années 1510, lorsque le *Saint Jean-Baptiste** du Louvre lui est commandé par un membre de cette famille prénommé Giovanni. Après avoir été anciennement attribué à Lucas Cranach, Verrocchio*, Domenico Ghirlandaio et Lorenzo di Credi, le *Portrait de Ginevra Benci* (Washington, National Gallery of Art) est donné à Léonard par toute la critique moderne. Sa datation oscille entre 1474, année du mariage de Ginevra avec Luigi di Bernardo di Lapo Nicolini, et les années immédiatement successives (1475-1476), d'après une hypothèse plus récente selon laquelle il aurait été commandé par Bernardo Bembo, ambassadeur de Venise* à Florence*, qu'un amour appa-

remment platonique liait à la jeune femme. D'un point de vue formel, on retrouve dans cette œuvre une alliance entre une conception sculpturale des modelés empruntée à Verrocchio et un expérimentalisme technique propre à Léonard. Il est probable qu'il ait en l'occurrence voulu rivaliser avec l'art du portrait flamand, et plus précisément avec Van Eyck, dont il semble avoir emprunté les reflets de lumière sur les boucles de cheveux. Des analyses techniques ont par ailleurs montré qu'il a obtenu l'expression mélancolique et la carnation diaphane en travaillant la surface picturale du bout des doigts, afin d'estomper les plans et de donner à l'épiderme un aspect le plus proche possible de la réalité. Le contraste est frappant entre l'impassibilité marmoréenne du visage presque exsangue et du buste, et le traitement de la végétation, animée par toute la vitalité de sa sève : les branches de genévrier (allusion au prénom du modèle) et les arbres au fond à droite paraissent osciller sous un léger souffle d'air. Le verso de la peinture de Washington montre des frondaisons enchevêtrées sur une surface de porphyre en trompe-l'œil, accompagnées de la devise *Virtutem forma decorat* (la beauté orne la vertu). Cette conception à la fois réaliste et allégorique du portrait connaîtra une fortune considérable pendant tout le XVIe siècle, en particulier à Venise et chez les maniéristes toscans.

■ Rome

À l'époque de Léonard, Rome acquiert très progressivement un rôle politique et artistique de premier plan. Pendant le XVe siècle, la brièveté des règnes des pontifes et leurs difficultés à affirmer durablement leur autorité retardèrent le lancement de la plupart des projets architecturaux ou picturaux d'envergure. Seuls Nicolas V (1447-1455) et Sixte IV (1471-1484) poursuivirent avec ténacité l'objectif de restauration des fastes de l'ancienne Rome, mais la ville ne possédait pas encore d'école artistique locale susceptible de rivaliser avec celle de Florence*, ce qui explique par exemple que l'on ait fait appel à des peintres toscans et ombriens pour la première phase de décoration de la chapelle Sixtine ; elle offrait toutefois, grâce à ses ruines, un inépuisable répertoire de motifs qui nourrit l'imaginaire de presque tous les artistes venus y séjourner. La situation se modifia profondément sous le pontificat de Jules II (1503-1513) : son mécénat autoritaire ne traduit pas seulement un programme de propagande idéologique visant à réaffirmer le pouvoir spirituel et temporel de la papauté, il représente aussi l'accomplissement des idéaux humanistes de synthèse entre la grandeur de la Rome antique et celle de la Rome chrétienne, que Bramante*, Michel-Ange et Raphaël transposent dans leurs architectures, leurs sculptures et leurs peintures. Léonard ne semble en revanche pas avoir exercé beaucoup d'influence sur la production artistique locale (rien de comparable en tout cas à celle qu'il eut à Milan* et en Lombardie), mais son séjour romain, malgré sa brièveté, lui offrit une connaissance directe de la sculpture antique, dont on retrouve de très nombreuses traces dans la plupart de ses tableaux tardifs. Sous le pontificat de Léon X (1513-1522), ce n'est pas lui mais Raphaël, sans conteste le plus génial interprète de ses tableaux sacrés, qui concentre la quasi-totalité des commandes artistiques publiques ou privées et devient le principal maître d'œuvre du mécénat pontifical. La détérioration rapide de la situation politique de Rome aboutira pourtant en 1527 au sac de la ville par les lansquenets de Charles Quint, qui provoqua le départ des principaux artistes y résidant encore vers d'autres cours italiennes ou européennes, Léonard leur ayant d'ailleurs montré l'exemple au moment de son départ pour la France* : plusieurs notes, certes très cryptées, dans ses carnets semblent en effet montrer qu'il avait pressenti les menaces militaires pesant sur les États pontificaux.

Caradosso, Médaille avec le projet primitif de la nouvelle Basilique Saint-Pierre, 1503.

■ SAINT JEAN-BAPTISTE

Très probablement exécuté pour Giovanni Benci, le *Saint Jean-Baptiste* du Louvre est mentionné dans l'atelier* de Léonard à Amboise en 1517. On situe en général sa réalisation vers la fin de la seconde période florentine. Sa paternité n'a jamais été mise en doute, mais il n'a jamais suscité d'admiration inconditionnée auprès des historiens de l'époque moderne et on sent chez la plupart des commentateurs un certain malaise, qui naît le plus souvent de l'expression narquoise, inhabituelle dans la représentation de ce prophète ascétique (dont le bâton en forme de croix et le vêtement de peau de bête constituent les attributs traditionnels) venu prêcher la pénitence et annoncer la venue du Messie. Dans toute la production religieuse antérieure de Léonard, *Saint Jérôme** est le seul exemple de composition mettant en scène une figure unique, mais le lion et le paysage y jouent un rôle primordial ; ici au contraire, le saint est totalement isolé et fixe le spectateur d'un regard insistant. D'un point de vue formel, le tableau constitue l'une des tentatives les plus spectaculaires entreprises par l'artiste pour suggérer un effet de relief simplement à partir du clair-obscur, sans recourir à la perspective mathématique. Comme il l'a souvent répété dans ses carnets, le relief est pour lui le produit d'un rapport optique entre un objet et le fond sur lequel il se détache. Dans le cas présent, le noircissement de la matière picturale empêche d'apprécier pleinement la réussite du projet, mais plusieurs parties mieux conservées laissent encore apparaître toute la subtilité des passages de tonalités grâce auxquels sont rendues les transitions progressives entre zones sombres et zones claires, ainsi que les nuances des reflets lumineux, selon qu'ils brillent sur la chevelure, le vêtement ou les carnations. Paraphrasant Manet, on serait tenté de dire que la lumière est le personnage principal du tableau, où elle revêt une double fonction d'éclairage physique et de manifestation symbolique de la transcendance divine. Les radiances émises par certains éléments pourtant plongés dans l'ombre présentent des analogies évidentes avec les recherches scientifiques de Léonard sur le *lumen cinereum* de la lune. Enfin, on retrouve dans les cheveux légèrement bouclés une stylisation identique à celle observée dans certains dessins* de tourbillons d'eau, selon un rapprochement explicité par Léonard lui-même : « Observe le mouvement de la surface de l'eau, comme il ressemble à la chevelure, qui a deux mouvements, dont l'un provient du poids des cheveux, l'autre de la courbe des boucles. » (Windsor Castle, Royal Library, f. 12579 r.)

Léonard de Vinci, *Saint Jean-Baptiste*,
v. 1513-1516, huile sur bois, 69 x 57 cm.
Paris, musée du Louvre.

■ SAINT JÉROME

Le caractère autographe de *Saint Jérôme* (Vatican, Pinacoteca), dont Salaï hérita et qui se trouvait encore à Milan* en 1525, n'a jamais été mis en doute. Datable aux environs de 1480, il résulte d'une longue étude de l'anatomie* humaine et des proportions du corps, mise au service de buts purement artistiques, et d'un effort renouvelé pour maîtriser la représentation plane des trois dimensions. D'une puissance plastique digne des sculptures antiques, le saint agenouillé semble mesurer l'espace de son bras droit tendu et de ses jambes perpendiculaires, annonçant ainsi la très célèbre feuille sur l'*Homme vitruvien* (Venise, Gallerie dell'Accademia). Mais l'image de ce corps décharné par l'ascèse spirituelle dénote également une pratique régulière de la dissection visant à mieux comprendre les structures osseuses et musculaires. Fondé sur une tradition iconographique remontant à l'Antiquité, le tableau du Vatican cherche à traduire en peinture plusieurs sculptures produites dans l'atelier de Verrocchio*, en particulier les deux statuettes de même sujet aujourd'hui conservées au Victoria and Albert Museum de Londres ; Vasari* parle quant à lui d'« une merveilleuse tête de saint Jérôme » due à Verrocchio lui-même et malheureuse-

« Toute chose naît de toute chose, et toute chose se fait de toute chose, et toute chose redevient toute chose parce que tout ce qui existe dans les éléments est composé de ces éléments. »

(*Codex Atlanticus*, 385 v.)

Léonard de Vinci, *Saint Jérôme*, 1480, tempera et huile sur bois, 103 x 75 cm. Cité du Vatican, Pinacoteca.

ment perdue. L'inachèvement du tableau nous donne des indications précieuses sur sa technique d'exécution. Des touches longues et denses servent à définir le paysage à l'arrière-plan à gauche, où l'on a retrouvé les empreintes digitales du peintre qui, manifestement, recherchait dès cette phase préliminaire des effets de *sfumato*. L'église à droite, le saint et le lion couché à ses pieds, sont dessinés directement au pinceau. Des rehauts

de blanc sont appliqués sur la couleur bistrée et liquide, par exemple pour la jambe droite ou les deux côtés de la gorge, afin de donner du relief aux anatomies. La beauté du lion, à mi-chemin entre l'emblème héraldique et l'expression inquiétante d'une force brutale à peine contenue, confirme la fascination mêlée de répulsion éprouvée par Léonard pour le monde des instincts sauvages, suggérée ici par le mouvement brusque de l'animal et surtout la large ouverture de sa gueule.

Le tableau inaugure ainsi une phase nouvelle de l'évolution de l'artiste, désormais enclin à traiter des sujets fortement dramatisés, qui rejoignent par bien des aspects les méditations philosophiques d'inspiration néoplatonicienne* des milieux cultivés florentins sur la place de l'homme dans l'univers et sa recherche de transcendance.

■ Sainte Anne, la Vierge, l'Enfant et l'agneau

Signalée dans l'atelier* de Léonard à Amboise en 1517, *Sainte Anne, la Vierge, l'Enfant et l'agneau* (Paris, musée du Louvre) devint propriété de Francesco Melzi* à la mort du maître et fut récupérée par les Français en 1630 à Casale Monferrato ; elle est exposée au Louvre depuis 1810. Malgré un état de conservation peu satisfaisant, elle doit certainement être considérée comme une peinture originale, que la plupart des critiques datent vers 1510-1513. Elle atteste, comme le *Carton de Burlington House**, que Léonard a beaucoup médité l'exemple de la statuaire antique et qu'il s'éloigne résolument de la peinture d'après nature au profit de compositions en grande partie dérivées d'autres œuvres d'art, sans qu'il s'agisse pour autant de la simple reprise avec variations d'une œuvre déterminée. Selon un procédé très fréquent chez les artistes de la Renaissance, une iconographie d'origine païenne se voit conférer une signification chrétienne. Le groupe homogène et sculptural formé par les trois personnages est disposé selon une structure pyramidale analogue à celle déjà observée sur la feuille londonienne, mais l'allusion au futur sacrifice du Christ, à travers la présence de l'agneau, est ici bien plus explicite. Les attitudes et les expressions sont conçues de manière à concentrer l'attention du spectateur sur le dialogue muet qui s'instaure entre la Vierge et son fils, sous le regard mélancolique de sainte Anne. Mais c'est surtout dans le paysage naturel, l'un des plus fascinants et des plus complexes peints par Léonard, que se déploie le mieux la perfection de sa technique. Face à la description des montagnes émergeant du brouillard à l'arrière-plan, on a presque le sentiment que les transformations géologiques dues à l'érosion des rochers par les eaux s'opèrent sous nos yeux. Tous les degrés de densité ou de légèreté de la touche et de la matière picturale sont mis à profit selon l'effet désiré, depuis le rendu minutieux et compact des galets serrés de la plate-

Léonard de Vinci, *Étude pour Sainte Anne, la Vierge, l'Enfant et l'agneau*, plume et encre. Paris, musée du Louvre, département des Arts graphiques.

forme sur laquelle reposent les protagonistes de la scène, jusqu'aux prodigieux effets de transparence des lointains noyés dans les vapeurs brumeuses.

■ Sala delle Asse

De la décoration conçue par Léonard pour la Sala delle Asse du Castello Sforzesco de Milan*, il ne reste que des *Troncs d'arbres avec feuillages, racines et rochers (in situ)*. Retrouvés à la fin du XIXᵉ siècle en même temps que le décor du plafond, ils furent cependant masqués, car on ne les considérait alors pas comme autographes. Redécouverts en 1954, ils sont depuis unanimement attribués à Léonard et datés aux environs de 1487-1498. Son goût inné pour les enchevêtrements labyrinthiques de motifs naturels y trouve une de ses expressions les plus monumentales. Pour autant que permette d'en juger l'état fragmentaire de l'œuvre, elle semble avoir été conçue selon une structure

Léonard de Vinci, *Sainte Anne, la Vierge, l'Enfant et l'agneau*, v. 1510-1513, huile sur bois, 168,5 x 130 cm. Paris, musée du Louvre.

Léonard de Vinci,
*Feuillages, racines
et pierres*
(fragment),
v. 1487-1498,
dessin au pinceau
sur enduit. Milan,
Castello Sforzesco,
Sala delle Asse.

architectonique très sophistiquée : dans les interstices des frondaisons, on aperçoit en effet le bleu du ciel, ce qui suggère un impressionnant effet illusionniste d'ouverture de la paroi sur l'extérieur. Un vaste pan de mur monochrome montre d'énormes racines s'insinuant entre des stratifications rocheuses et formant la base d'un large tronc d'arbre. On peut donc supposer que Léonard avait prévu de décorer toute la salle suivant un ensemble unitaire en trompe-l'œil, qui aurait produit la sensation de naître du sol. Comme souvent, il opposait de cette manière la croissance organique de la nature à la fixité des architectures, envahies par des végétations se glissant entre leurs moindres fissures. Il démontre ici une nouvelle fois sa capacité à utiliser sa connaissance analytique et expérimentale du monde naturel pour en extraire la plus grande puissance expressive possible. Dépassant la virtuosité facile d'un illusionnisme minutieux, il suggère une lutte sans merci entre la stabilité du minéral et la vitalité du végétal, en une image qui résulte d'un équilibre précaire de forces antagonistes. De là naît le sentiment d'un paysage en perpétuelle métamorphose, une perception du monde où chaque élément agit continuellement sur les autres et dont Léonard était seul capable de faire l'objet privilégié de la peinture.

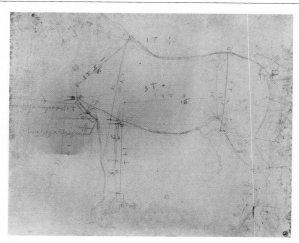

Léonard de Vinci,
Étude de cheval,
pointe de métal
sur papier.
Bayonne,
musée Bonnat.

▓ SCULPTURE

Il ne fait pas de doute que Léonard exerça une activité de
sculpteur, mais les tentatives pour lui attribuer des œuvres
parvenues jusqu'à nous n'ont en général pas donné de résultats satisfaisants. Son principal projet dans ce domaine fut le
monument équestre en l'honneur de Francesco Sforza, commandé par son fils Ludovico. L'Anonimo Gaddiano* résume
l'épisode en ces termes : « À Milan*, il fit aussi un cheval
énorme avec le duc Francesco Sforza dessus ; ouvrage très
beau, destiné à être fondu en bronze ; mais tout le monde
jugea cela impossible, surtout, disait-on, parce qu'il prétendait
le fondre en une seule fois ; et l'œuvre ne fut pas exécutée. »
(Voir aussi Manuscrits de Madrid.) Les plans pour le monument équestre de Gian Giacomo Trivulzio nous sont connus
grâce à une série de dessins* à la plume (Windsor Castle,
Royal Library), qui montrent un cheval fougueux au-dessus
d'un socle au décor très élaboré. Le témoignage visuel le plus
tangible du talent de Léonard pour la sculpture est représenté
par le groupe « des trois figures en bronze qui surmontent la
porte nord du baptistère [de Florence*], ouvrage de Giovan
Francesco Rustici, mais conduites sous la direction de Léonard ; elles constituent, en dessin et en perfection, la plus belle
fonte qu'on ait vue à l'époque moderne » (Vasari*). Il est fort
probable qu'il ait travaillé dans son atelier* à des statuettes, en
terre cuite ou en cire. Cela a conduit les spécialistes à recher-
cher, pour le moment en vain, de telles œuvres ou, de manière
plus réaliste, des bronzes exécutés à partir de ces modèles. Si
on les examine uniquement à la lumière des réalisations parvenues jusqu'à nous, les rapports entre Léonard et la sculpture
semblent se résumer à peu de choses. On aurait pourtant tort
d'en sous-estimer l'importance pour les artistes de l'époque.
Vasari écrit ainsi, spécifiquement à propos de ses sculptures,
que « grâce à Léonard, notre connaissance de l'anatomie des
chevaux et de celle des hommes a fait de grands progrès ».

■ Solario (Andrea)

Descendant d'une importante « dynastie » d'architectes et de sculpteurs, Andrea Solario (vers 1465-1524) travaille, de 1481 à 1492, en compagnie de ses frères dans l'atelier familial milanais. Au début des années 1490, il séjourne quelque temps à Venise*, où il peint, entre autres, une gracieuse *Vierge à l'Enfant* (Milan, Museo Poldi Pezzoli), sa première œuvre connue, ainsi qu'une intéressante *Vierge aux œillets* (Milan, Pinacoteca di Brera) et surtout une *Vierge à l'Enfant avec saint Joseph et saint Simon* (Milan, Pinacoteca di Brera), variation sur le thème typiquement vénitien de la « conversation sacrée ». De retour à Milan* sans doute vers 1495 et au plus tard en 1500, date à laquelle il signe l'achat d'une propriété, il se détache peu à peu de l'influence vénitienne pour aboutir à une *Crucifixion* (1503, Paris, musée du Louvre) plus proche de la tradition lombarde et sensible à la leçon de Léonard, qui devient prédominante dans des portraits tels que *Cristoforo Longoni* (1505, Londres, National Gallery) et surtout dans l'*Annonciation* (1506, Paris, musée du

Andrea Solario,
La Crucifixion,
1503,
huile sur toile.
Paris, musée du
Louvre.

Louvre), en particulier à travers la finesse vaporeuse des contours. N'ayant obtenu que peu de succès sous le gouvernement des Sforza, Solario attire en revanche l'attention des occupants français ; en 1507, il est appelé à décorer la chapelle du château de Gaillon (détruit sous la Révolution) pour le compte du cardinal Georges d'Amboise. De son séjour en France* datent également la célèbre *Tête de saint Jean-Baptiste* (1507, Paris, musée du Louvre) et une *Pietà* (Paris, musée du Louvre) où la figure de saint Jean emprunte son attitude à celle de l'ange dans la *Vierge aux rochers**. Après son retour à Milan, en 1510, Solario fréquente à nouveau Léonard. Vers 1514, il séjourne brièvement à Rome*, où il peint peut-être l'impressionnante *Cléopâtre* (Milan, collection particulière). De nouveau à Milan à partir de 1515, il se consacre sur-

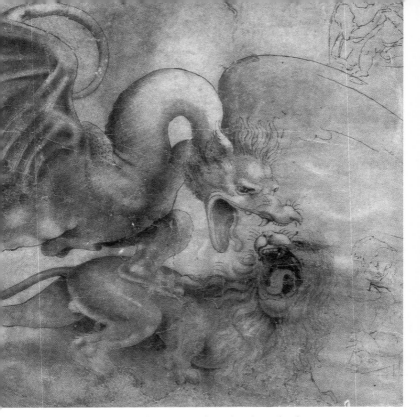

tout, dans sa production tardive, aux portraits de dignitaires de la cour, tel *Gerolamo Morone* (Milan, collection particulière), et à de grandes compositions religieuses, dont les trois tableaux sur bois ayant pour thème l'*Assomption de la Vierge* (Pavie, Chartreuse), laissés inachevés à sa mort.

■ Tableaux imaginaires

Entre le but lointain, mais jamais abandonné, d'une peinture conçue comme révélateur absolu de l'univers, et les tableaux effectivement réalisés, s'étend un vaste domaine où les créations rêvées stimulent l'imagination. Ses carnets et dessins* montrent qu'il y revient avec prédilection et, au fil du temps, avec toujours plus de passion. De tels tableaux imaginaires sont sans doute nés du besoin de résoudre les problèmes concrets posés par l'exécution des œuvres,

mais ils se détachent de plus en plus des programmes précis de l'iconographie religieuse ou profane : à partir de la *Vierge aux rochers**, les peintures de Léonard se présentent comme un compromis entre les exigences propres au thème traité et l'aspiration à un art « total ». Il n'est donc pas surprenant que, tout en enrichissant par une multitude de dessins la substance de ces projets, il ait également cherché à justifier leur validité par des textes d'une qualité littéraire souvent élevée. On trouve ainsi dans ses manuscrits* des descriptions et des récits détaillés de sujets fantasmagoriques comme « l'épouvantable géant de Libye » (*Codex Atlanticus**, 311 r. et 96 v.), le « mont Taurus » (*ibid.*, 214 r.) ou « l'île de Vénus » (*Manuscrits de Windsor**, 2591 r. v.). Plus que de simples fables*, dont on trouve également des exemples

Léonard de Vinci, *Bataille entre un dragon et un lion,* encre marron sur papier délavé. Florence, Galleria degli Uffizi, Gabinetto Disegni e Stampe.

dans ses écrits, il faut y voir des exercices indispensables pour maintenir en éveil l'acuité de l'imagination visuelle, une exploration fantasmatique de tableaux impossibles dont les moyens certes provisoires, et pourtant utiles, de la littérature, permettent de décrypter la complexité tout en les soustrayant à l'oubli. On trouve là, chez un artiste qui soutenait la supériorité du peintre sur le poète (voir Paragone), une ironique revanche du mot sur l'image.

▪ TACHES COLORÉES

Dans un texte souvent cité mais qui n'a rien perdu de son pouvoir de fascination, Léonard propose une méthode d'inspiration, presque de rêverie, propre à faire découvrir dans les motifs les plus banals la source des compositions les plus élaborées : « Je ne saurais manquer de mentionner parmi ces préceptes un nouveau mode de spéculation qui peut sembler mesquin et presque ridicule, mais n'est pourtant pas sans efficacité pour exciter l'esprit à diverses inventions. Le voici : si tu regardes des murs souillés de beaucoup de taches, ou faits de pierres multicolores, avec l'idée d'imaginer quelque scène, tu y trouveras par analogie des paysages au décor de montagnes, rivières, rochers, arbres, plaines, larges vallées et collines de toute sorte. Tu pourrais y voir aussi des batailles et des figures aux gestes vifs et d'étranges visages et costumes et une infinité de choses, que tu pourras ramener à une forme nette et compléter. Et il en va de ces murs et couleurs comme du son des cloches ; dans leurs battements tu trouveras tous les sons et les mots que tu voudras imaginer.

Peintre de composition, ne dessine pas avec des contours définis les éléments de ta peinture, car il t'arrivera ce qui arrive à beaucoup de peintres de toute sorte, qui veulent que le moindre trait de fusain soit définitif ; et ceux-là peuvent bien acquérir la richesse, mais non la gloire dans leur art, car souvent la créature représentée n'a pas les mouvements adaptés à l'intention, et quand l'artiste a mené à terme une belle et agréable disposition des éléments, il lui semblera injurieux de déplacer ceux-ci plus haut ou plus bas, ou plus en arrière qu'en avant. Ces maîtres ne méritent aucun éloge dans leur art.

N'as-tu jamais regardé les poètes qui composent leurs vers ? Ils ne se fatiguent pas à tracer de belles lettres, et ne se font pas scrupule de barrer certains vers, pour les refaire meilleurs. Dispose donc, peintre, les membres de tes figures en gros, et veille d'abord à ce que les mouvements soient appropriés à l'état d'esprit des êtres qui occupent ta composition (voir Anatomie et physiognomonie), et ensuite seulement à la beauté* et à la qualité de leur détail.

Car tu dois comprendre que, si cette esquisse informe finit par s'accorder à ton idée, elle le fera d'autant mieux qu'elle sera relevée de la perfection due à toutes ses parties. J'ai pu voir dans les nuages et les murs des taches qui m'ont stimulé à de belles inventions de différents sujets ; et ces taches, bien qu'elles aient été en soi absolument dépourvues de perfection pour chaque partie, ne manquaient pas de perfection dans les mouvements ou autres effets. » (*Manuscrit A*, Institut de France, 102 v.)

Théorie

Peu d'artistes ont insisté autant que Léonard sur la nature intellectuelle des arts visuels. Il aspirait à ce que le peintre soit capable de construire un monde cohérent sur la base d'une compréhension globale des causes et des effets dans le monde naturel (voir Art et science). Étant donné sa conception de la peinture comme fin ultime de la science, il devient impossible de tracer une limite précise entre son esthétique et ses travaux purement scientifiques. Ses plus anciens écrits parvenus jusqu'à nous témoignent de préoccupations extrêmement proches de celles de ses prédécesseurs florentins (voir par exemple Espace et lumière). Toutefois, la profondeur et l'inventivité de ses recherches lui permirent non seulement de les mener à un plus haut degré d'élaboration, mais aussi de remettre en cause les fondements sur lesquels reposait la théorie de l'imitation définie au XVᵉ siècle par Leon Battista Alberti. Ses investigations dans le domaine de l'optique finirent ainsi par le convaincre que la perspective mathématique utilisée par ses contemporains ne correspondait que de manière schématique à la façon dont l'œil perçoit réellement la disposition des objets dans l'espace. Dans la lignée de la tradition florentine du XVᵉ siècle, les études anatomiques (voir Anatomie et physiognomonie) sont au centre des préoccupations de Léonard, qui conçoit la description de la figure humaine comme la traduction visuelle de l'action, de la pensée et du sentiment. Dans le débat consacré à la valeur respective, à la hiérarchie des différents arts, le *paragone**, il défend la supériorité de la peinture à la fois sur les arts de l'oreille (la poésie et la musique) et sur la sculpture*, le principal concurrent de la peinture dans le domaine des arts visuels. À la lecture de ses textes, on pourrait croire que ses propres créations adoptent une représentation réaliste, voire « photographique » de la nature. Pourtant, ses peintures et ses dessins* montrent au contraire ouvertement que, dépassant l'observation scrupuleusement scientifique du monde, ce sont aussi et surtout le résultat d'un travail d'invention et d'imagination, où sont toujours présents la fantaisie, le mystère et l'ambiguïté.

Traité de la peinture

Dès 1490, Léonard a formé le projet d'un *Traité de la peinture*, dont le *Manuscrit A* de l'Institut de France (voir Manuscrits de l'Institut) contient la première esquisse. Il ne cessa par la suite d'accumuler des notes, qui devaient prendre place dans l'ouvrage définitif. Dans ses manuscrits* tardifs, il en annonce la publication prochaine ; elle ne viendra pourtant jamais. Après sa mort, Francesco Melzi* songea lui-même à en publier l'essentiel et fit compiler par deux copistes un recueil très avancé, mais malheureusement inachevé, qui devint propriété d'un peintre milanais mentionné par Vasari* ; il entra ensuite dans la bibliothèque des ducs d'Urbin, avant de passer, en 1626, dans celle du Vatican, où il est aujourd'hui encore conservé (*Codex Urbinas latinus 1270*). Ce recueil servit de base à la première édition imprimée du *Traité*, publiée en 1651 sous la direction de Paul Fréart de Chambray. Son importance est double. D'une part, il représente le seul ensemble de textes léonardiens accessible au public avant

Léonard de Vinci,
La Joconde
(détail),
huile sur bois.
Paris, musée du
Louvre.

Léonard de Vinci, étude de saint Pierre pour *La Cène*, pointe d'argent, 14,4 x 11,3 cm, coll. Albertina, Vienne.

les études philologiques systématiques de ses manuscrits entreprises à la fin du XIXe siècle (voir Fortune critique). D'autre part, il opère un choix souvent judicieux parmi les écrits du maître et livre un grand nombre de considérations dont nous n'aurions pas connaissance par les seuls manuscrits autographes parvenus jusqu'à nous. Il souffre cependant de très graves défauts ; le *Traité* issu du *Codex Urbinas* se présente en effet comme une compilation incomplète, d'une conception d'ensemble assez médiocre. Sa principale faiblesse tient à ce qu'il ne donne même pas l'idée de chapitres entiers auxquels Léonard fait pourtant allusion dans ses notes. En outre, il juxtapose souvent des textes chronologiquement très éloignés, aboutissant ainsi à des « coutures » dont il n'est pas du tout certain qu'elles aient été voulues par l'auteur. Le sens global de l'ouvrage en devient difficile à cerner. On comprend les réserves de Poussin qui, d'après Félibien (*Entretiens*, II, Paris, 1696), « ne croyait pas qu'on dût mettre au jour ce Traité de Léonard, qui à dire vrai n'est ni en bon ordre, ni assez bien digéré ». La tentative la plus cohérente d'offrir un aperçu méthodique des écrits de Léonard concernant directement la peinture est due à André Chastel (voir bibliographie) ; elle reste inégalée à ce jour.

■ Vasari (Giorgio)

Né à Arezzo, Giorgio Vasari (1511-1574) se forma à Florence* à partir de 1524, chez Andrea del Sarto, Michel-Ange et Rosso, complétant son apprentissage en 1532 et 1538 par deux voyages à Rome*, où il étudia surtout les artistes du début du XVIᵉ siècle. Très tôt, il employa ses talents de décorateur à l'organisation de grandes cérémonies profanes, telle l'entrée triomphale de Charles Quint à Florence en 1536, et devint le protégé des Médicis. Il est l'auteur de nombreuses peintures religieuses, parmi lesquelles la décoration du couvent de San Michele in Bosco à Bologne, et la célèbre *Immaculée Conception* (1541, Florence, église des Santi Apostoli). Par ses voyages dans toute l'Italie, il contribua à diffuser les trouvailles de la seconde génération maniériste et acquit une connaissance directe de la plupart des écoles régionales : en 1542, il est à Venise* pour la conception du décor d'une pièce de l'Arétin ; de 1542 à 1546, il fréquente à Rome l'entourage humaniste du cardinal Alessandro Farnese et orne la Cancelleria de peintures exaltant le règne du pape Paul III ; de 1546 à 1554, il partage son temps entre la Toscane, la Romagne et Rome. Rappelé à Florence en 1554 par Cosme Iᵉʳ, il sera pendant vingt ans le principal acteur de la politique artistique du grand-duc, qui lui confie le réaménagement et la décoration du Palazzo Vecchio (c'est à cette occasion que disparaissent les peintures de Léonard, apparemment déjà très endommagées, sur la *Bataille d'Anghiari*), ainsi que la construction de la Galleria degli Uffizi et la création de l'Accademia del Disegno. Son colossal ouvrage, les

Vies des plus excellents architectes, peintres et sculpteurs italiens de Cimabue à notre temps (première édition, Florence, Torrentini, 1550 ; seconde édition considérablement enrichie et modifiée, Florence, Giunti, 1568), est unanimement considéré comme le livre fondateur de l'historiographie moderne de l'art et reste aujourd'hui encore un instrument de travail irremplaçable, en dépit de quelques lacunes ou erreurs et de ses préjugés « toscanophiles » parfois irritants. Les biographies y sont réparties chronologiquement en trois époques, qui représentent les grandes étapes de la progression des arts vers leur « perfection absolue » : celle de Cimabue et Giotto, celle de Brunelleschi, Masaccio et Donatello, celle, inaugurée par Léonard, du « divin Michel-Ange », pour qui l'auteur ne cache pas sa préférence. Malgré son admiration déclarée pour le premier et une lecture souvent

Giorgio Vasari, *Studiolo di Francesco I*, 1570-1573. Florence, Palazzo Vecchio.

107

Ignazio Danti,
Venise,
1580-1581,
fresque,
310 × 150 cm.
Vatican, Galleria
delle Carte
Geografiche.

très fine de ses œuvres (voir par exemple la *Joconde**), il ne peut s'empêcher de lui reprocher d'avoir dispersé son génie et de ne pas avoir achevé beaucoup de tableaux.

▪ Venise

Au moment où Léonard y séjourne, début 1500, Venise est à un tournant de son histoire artistique. Dans les premières décennies du XVe siècle, sa culture était encore dominée par le gothique international. Au fur et à mesure qu'elle étendait ses possessions en terre ferme et que les contacts avec le reste de l'Italie se multipliaient, elle s'était montrée de plus en plus perméable à l'humanisme, notamment grâce aux publications d'Ermolao Barbaro et de Bernardo Bembo, au legs du cardinal Bessarion à la Biblioteca Marciana d'un fonds considérable de textes anciens, et à l'arrivée, en 1490, d'Aldo

Manuzio, qui fit éditer et imprimer les classiques grecs et latins. En peinture, Giovanni Bellini, dont le génie exceptionnel ne doit pas occulter des artistes tels que les Vivarini, Vittore Carpaccio et Cima da Conegliano, assimile en profondeur les nouveautés venues d'Italie centrale et les retranscrit dans un langage formel d'une prodigieuse subtilité, où les effets luministes et les finesses chromatiques sont mis au service d'un panthéisme serein. Au début du XVIe siècle, Venise offre la seule alternative crédible au classicisme romano-toscan. En quelques années, Giorgione rompt tous les liens avec la tradition du XVe siècle et mène des expérimentations analogues sur bien des points à celles de Léonard, qui fascine littéralement les artistes de la jeune génération. La technique consistant à appliquer les pigments directement sur la toile, sans ébauche préalable et parfois même sans couche préparatoire, est à l'origine d'une conception de la peinture où, pour la première fois, la couleur acquiert le statut de moyen d'expression autonome ; de même que chez Léonard, les formes ne sont plus définies par leurs contours, mais par des effets atmosphériques, et par la recherche d'un accord chromatique, autour d'une tonalité dominante. Ces innovations giorgionesques, auxquelles adhèrent Titien et Sebastiano del Piombo, feront naître l'opposition entre le « dessin » florentin et la « couleur » vénitienne, présente dans toute l'historiographie et la pratique artistique du XVIᵉ siècle, mais que Léonard s'efforça toujours de dépasser. On ne peut cependant qu'être frappé par les analogies, bien mises en évidence par une étude de David Rosand (voir la bibliographie), entre sa technique picturale et celle de Titien, notamment l'habitude de poser les couleurs avec les doigts (voir entre autres le *Portrait de Ginevra Benci**).

Verrocchio (Andrea)

Andrea Verrocchio (1435-1488) reçut une première formation d'orfèvre chez Giuliano de' Verrocchi, dont on ne sait à peu près rien. Il apprit la sculpture dans l'atelier de Bernardo Rossellino, mais semble aussi avoir été très influencé par Desiderio da Settignano, dont il retint les expérimentations naturalistes et l'attention pour l'expressivité des corps et des visages. Sa première œuvre connue, le *Monument funéraire de Piero et Giovanni de' Medici* (1470-1472, Florence, église San Lorenzo) est encore le produit d'un artiste très habile à ciseler des écrins et des reliquaires ; toutefois, par son caractère abstrait et l'absence de toute figure humaine, il se distingue radicalement de la tradition florentine. Dans ses réalisations suivantes, Verrocchio revint à des modèles plus traditionnels : son *David* (vers 1475, Florence, Museo nazionale del Bargello) ne cache pas sa dette envers Donatello. À partir de la fin des années 1470, il s'oriente vers un naturalisme toujours plus accen-

Andrea del Verrocchio, *Monument équestre de Bartolomeo Colleoni*, 1485-1488. Venise, Campo San Giovanni e Paolo.

tué. Le *Putto avec un dauphin* (vers 1478, Florence, Palazzo Vecchio), conçu à l'origine pour une fontaine, a par exemple les cheveux collés au front comme s'ils étaient mouillés. La *Dame au bouquet* (vers 1478, Florence, Museo nazionale del Bargello) évite le caractère statique des portraits en buste du début du XVᵉ siècle. La célèbre *Incrédulité de saint Thomas* (1467-1483, Florence, église Orsanmichele) articule avec virtuosité le rapport entre les figures et l'espace qui les entoure. L'œuvre peint de Verrocchio reste mal connu : la plupart des tableaux qui lui ont été attribués par le passé ont été rendus à d'autres artistes. Son style, pour autant qu'on puisse en juger d'après les parties du *Baptême du Christ** qui lui reviennent, semble avoir été proche de Pollaiolo et de Botticelli, linéaire, nerveux, intensément réaliste, avec quelques emprunts à la peinture flamande. Sa *Vierge à l'Enfant avec les saints Jean-Baptiste et Zénon* pour la cathédrale de Pistoia sera achevée par Lorenzo di Credi, selon des principes désormais très marqués par l'exemple de Léonard, loin de l'enseignement de son maître. De 1485 à sa mort, Verrocchio est à Venise*, où il travaille au *Monument équestre de Bartolomeo Colleoni*, toujours visible sur le campo San Giovanni e Paolo ; ce chef-d'œuvre de force expressive et de dynamisme pourrait avoir été présent à l'esprit de Léonard lorsqu'il préparait le *Monument équestre de Francesco Sforza* (voir Sculpture).

■ Vierge à l'œillet

Considérée comme autographe par la quasi-totalité de la critique récente, la *Vierge à l'œillet* (Munich, Alte Pinakothek) fut probablement peinte par Léonard entre 1473 et 1478, à moins qu'il ne faille y voir la première de ses œuvres véritablement autonomes et la dater plus tôt, vers 1470. Il est possible que la composition initiale ait été conçue par Verrocchio*, mais le tableau définitif exprime déjà tout l'univers figuratif de son meilleur élève, depuis la coiffure tressée de la Vierge jusqu'aux montagnes aperçues à travers un air épais, qu'il théorisera dans son *Traité de la peinture** et que l'on retrouvera dans la *Joconde** et *Sainte Anne**, en passant par l'impressionnant tourbillon formé par le drapé jaune au premier plan, expression de ce sens organique de la forme qui réapparaît dans les études de botanique et d'hydraulique. Léonard manifeste son goût pour l'expérimentation en s'efforçant de s'approprier la technique de l'huile, qui lui permet de créer une surface translucide et de conférer vivacité et mobilité aux lumières ; le vase transparent garni de fleurs dénote sa volonté de se mesurer aux artistes flamands sur leur propre terrain. Vasari* insiste à juste titre sur ce trompe-l'œil, « une carafe pleine d'eau avec des fleurs, d'une vérité merveilleuse, avec des gouttes d'eau formant rosée sur sa surface si parfaitement rendues qu'elle avait l'air plus vraie que la réalité ». Mais au-delà de ce morceau de bravoure illusionniste, le tableau introduit surtout une vision nouvelle de la nature et du paysage. Les montagnes apparaissent à travers les fenêtres géminées s'étagent en effet sur trois plans de profondeur, échelonnés selon un usage désormais conscient et maîtrisé de la couleur et de la perspective atmosphérique (voir Espace et lumière). C'est en cela que réside

Léonard de Vinci, *La Vierge à l'œillet*, v. 1478-1480, huile sur bois, 62 x 47,5 cm. Munich, Alte Pinakothek.

la contribution la plus novatrice de Léonard à une expérience menée pour le moment sur un petit format, avant les essais plus ambitieux de l'*Annonciation** de Florence. Le tableau de Munich connut très vite un succès considérable, aussi bien en Italie qu'en Flandres, à en juger par le nombre impressionnant de copies dont il fit l'objet, parmi lesquelles celle due à Ridolfo del Ghirlandaio (Baltimore, Walters Art Gallery).

■ VIERGE AUX ROCHERS (PREMIÈRE VERSION, LOUVRE)

Commandée à Léonard et aux frères De Predis* le 25 avril 1483, la *Vierge à l'Enfant, saint Jean-Baptiste enfant et un ange*, désormais connue sous le nom de *Vierge aux rochers* (Paris, musée du Louvre), fut à l'origine conçue pour un retable devant orner l'autel de l'église San Francesco Grande de Milan ; elle a toujours été unanimement attribuée à Léonard par la critique. Les spécialistes s'accordent aujourd'hui à dire qu'elle fut commencée en 1483 et achevée en 1486. On connaît en revanche encore assez mal l'itinéraire qu'elle suivit avant d'entrer dans les collections des rois de France, où elle est mentionnée pour la première fois en 1625. Un autre sujet de perplexité tient au caractère énigmatique de la composition, censée illustrer le thème de l'Immaculée Conception. L'iconographie des personnages n'est pas clairement définie et leurs expressions ambiguës (qui deviendront une constante) n'aident pas au décryptage de la scène : l'Enfant Jésus, privé d'auréole, occupe une place moins importante que saint Jean-Baptiste ; l'ange, au visage androgyne, semble en partie inspiré de sculptures antiques représentant des harpies. Le décor naturel rompt lui aussi avec la tradition : le désert où Jean et Jésus sont supposés s'être rencontrés est remplacé par un paysage de rochers, de végétation et d'eau. En 1475, l'interprétation de l'Immaculée Conception avait suscité à Milan* un débat théologique passionné, auquel Sixte IV avait mis fin en approuvant la thèse, également adoptée par les franciscains, selon laquelle Marie avait été sauvegardée du péché originel

avant même d'être conçue. Mais il semble que Léonard se soit plutôt inspiré des théories plus ou moins hérétiques d'Amedeo Mendes da Silva, pour qui l'Ancien Testament préfigurerait non pas Jésus, mais Jean-Baptiste et Marie, assimilée en outre à la *sophia*, la connaissance universelle des philosophes de l'Antiquité. Si cette hypothèse est exacte, on comprend mieux que la marginalisation du Christ et l'insistance sur les deux autres personnages n'ait pas été acceptable par les moines franciscains commanditaires du tableau et qu'ils aient tant insisté pour que l'artiste y apporte des modifications. Il semble qu'ils aient pour finir tacitement accepté que cette première version soit cédée à d'autres, à condition d'être remplacée par une nouvelle composition (celle aujourd'hui à Londres), expurgée de toute équivoque. D'un point de vue purement artistique, le tableau du Louvre montre pour la première fois cette fusion entre figures humaines et paysage naturel, à laquelle les manuscrits* de Léonard font de plus en plus souvent allusion et qui semble avoir lentement mûri dans son esprit. Les effets d'éclairage et d'atmosphère atteignent une finesse et une subtilité inconnues chez tout autre peintre.

Léonard de Vinci, *La Vierge aux rochers*, v. 1483-1486, huile sur bois, 199 x 122 cm. Paris, musée du Louvre.

« *Heureux le domaine qui est sous l'œil de son maître.*
L'amour triomphe de tout.
L'expérience prouve que celui qui n'a jamais confiance en personne
ne sera jamais déçu. »

(*Codex Atlanticus*, 344 r.)

■ VIERGE AUX ROCHERS (SECONDE VERSION, LONDRES)

On sait avec certitude que cette seconde version de la peinture du Louvre (voir notice précédente) provient de l'église San Francesco Grande de Milan. Les spécialistes l'attribuent en totalité ou en partie à l'atelier* de Léonard (les noms de Marco d'Oggiono et de Giovanni Antonio Boltraffio* étant les plus fréquemment cités) et datent son exécution entre 1493 et 1508. L'iconographie rend au Christ une place centrale par rapport aux trois autres protagonistes de la scène. Les figures occupent plus de place que le décor naturel, le geste ambigu de l'ange (qui, dans la première version, désignait Jean-Baptiste) est éliminé, la prééminence de Marie et de son fils rétablie, en conformité avec les exigences des commanditaires. Des auréoles couronnent désormais la Vierge, Jésus et Jean-Baptiste, qui retrouve en outre le bâton en forme de croix qu'il n'avait pas dans le tableau du Louvre. Le propos est donc nettement clarifié et l'identification des personnages facilitée par leurs attributs ; toutefois, ces derniers ne sont peut-être pas des éléments originaux : une copie du tableau de Londres tel qu'il se présentait vers 1611-1614 (Milan, Pinacoteca Ambrosiana) ne montre en effet ni auréole, ni croix, ce qui laisse penser qu'il pourrait s'agir d'ajouts datant du XVIIe siècle. Quoi qu'il en soit, la seconde *Vierge aux rochers* atteste, à travers sa monumentalité accrue et son usage plus naturaliste de la couleur et de la lumière, une évolution de la manière de Léonard. Reste à préciser ce qui lui revient exactement dans l'exécution du tableau. Sa participation directe est paradoxalement surtout reconnaissable dans les parties inachevées, comme les rochers et la végétation de l'angle inférieur droit. De même, la main gauche de l'ange, qui soutient le dos du Christ, est certainement autographe. Dans les incarnats, et plus spécialement les visages de la Vierge et des enfants, on a pu observer ses empreintes digitales, indice d'un traitement de la matière picturale déjà rencontré dans certaines œuvres de jeunesse. Des analyses scientifiques ont permis de reconstituer le processus suivi par le maître et ses assistants : sur une couche de préparation, Léonard esquisse au pinceau les grandes lignes de la mise en page, laissant à ses élèves le soin de poser les premières couleurs. Ensuite, soit il intervient sur certaines parties, rectifiant par exemple la position des têtes des enfants ou redessinant les épaules de la Vierge, soit il applique lui-même les toutes dernières couleurs. Enfin, il réalise les glacis des incarnats, qu'il travaille du bout des doigts pour obtenir des effets de clair-obscur tout en nuances.

Léonard de Vinci, *La Vierge aux rochers*, v. 1493-1508, huile sur bois, 189,5 x 120 cm. Londres, National Gallery.

1452 Naissance de Léonard à Anchiano, près de Vinci, le 15 avril. Il est le fils naturel du notaire Piero di Antonio.

Vers 1469 Il entre dans l'atelier de Verrocchio.

1472 Il est inscrit à la corporation des peintres, la Compagnia di San Luca.

1473 Il date (du 5 août) le dessin avec le *Paysage de Santa Maria della Neve* (Florence, Galleria degli Uffizi).

1476 Il subit un procès pour sodomie, en compagnie d'autres personnes ; il est absous de l'accusation.

1478 Commande d'un retable pour la chapelle de San Bernardo, au palais de la Seigneurie.

1479 D'après l'Anonimo Gaddiano, il travaille pour Laurent le Magnifique.

1481 Contrat pour l'*Adoration des Mages*, signé avec les moines de San Donato à Scopeto.

1482 Départ pour Milan, où il est reçu à la cour du duc Ludovico Sforza.

1483 Le 25 avril, il signe un contrat, ainsi que Evangelista et Ambrogio De Predis, avec les franciscains de la Confraternita dell'Immacolata Concezione, pour un retable comprenant la *Vierge aux rochers*.

1487 Paiement des projets de lanterne pour la cathédrale de Milan.

1489 Il organise la cérémonie des noces de Gian Galeazzo Sforza et Isabella d'Aragone. Début des préparatifs pour le colossal monument équestre en hommage à Francesco Sforza.

1490 Mise en scène de nombreuses fêtes de cour, la plus célèbre étant *La festa del Paradiso*, le 13 janvier.

1491 Gian Giacomo Caprotti da Oreno, dit Salaï, âgé de dix ans, entre au service de Léonard. Le surnom de Salaï, qui veut dire « diable », lui vient de son caractère turbulent.

1492 À l'occasion du mariage entre Ludovico Sforza et Beatrice d'Este, Léonard dessine les costumes du cortège.

1494 Travaux d'assainissement d'une propriété ducale près de Vigevano.

1495 Léonard commence la *Cène*, ainsi que la décoration de plusieurs pièces du Castello Sforzesco.

1497 Le duc de Milan presse l'artiste de terminer la *Cène*, qui est sans doute achevée à la fin de l'année ou au début de l'année suivante.

1498 Léonard termine la décoration de la Sala delle Asse du Castello Sforzesco.

1499 Il quitte Milan, en compagnie du mathématicien Luca Pacioli. Il s'arrête d'abord à Vaprio d'Adda, chez Francesco Melzi, puis se dirige vers Venise, en passant par Mantoue, où il exécute le portrait d'Isabelle d'Este.

1500 En mars, il arrive à Venise, où il élabore un projet de défense contre l'invasion turque. Il rentre à Florence en avril.

1502 Il est au service de César Borgia, comme architecte et ingénieur militaire. Il le suit dans ses campagnes en Italie du Nord et du Centre.

1503 Il retourne à Florence où, selon Vasari, il exécute la *Joconde* et *Léda*. Il élabore des projets pour dévier l'Arno durant le siège de Pise. Le gouvernement florentin lui commande la *Bataille d'Anghiari*.

1504 Il continue à travailler à la *Bataille d'Anghiari*. On fait appel à lui pour faire partie de la commission qui doit décider de l'emplacement du *David* de Michel-Ange. Le 9 août, son père meurt.

1505 Réclamé avec insistance par le gouverneur français de Milan, il quitte Florence pour la cité lombarde, s'engageant à revenir dans les trois mois. Le séjour milanais se prolonge plus que prévu.

1507 En septembre, il retourne à Florence, où il fait un procès à ses frères au sujet de l'héritage de leur père.

1508 Départ définitif de Florence et retour à Milan. Il élabore pour Charles d'Amboise une grandiose demeure et un monument équestre en hommage à Gian Giacomo Trivulzio, qui ne sera jamais exécuté.

1509 Études géologiques et hydrauliques des vallées lombardes.

1510 Études d'anatomie avec Marcantonio Torre à l'université de Pavie. Nouveaux projets pour la cathédrale de Milan.

1513 Le 24 septembre, Léonard quitte Milan pour Rome, où il loge au Belvédère du Vatican, avec ses assistants Salaï, Francesco Melzi, Lorenzo et Fanfoia, sous la protection du cardinal Giuliano dei Medici.

1514 Projets pour l'assainissement des marais pontins et pour le port de Civitavecchia.

1517 Léonard, accompagné de Francesco Melzi, est accueilli à la cour de François Ier à Amboise. Il loge au château de Cloux, près de la résidence royale, et obtient le titre de Premier peintre du roi. Il reçoit la visite du cardinal Luigi d'Aragona.

1518 Il participe aux cérémonies du baptême du dauphin et du mariage de Lorenzo dei Medici avec une nièce du roi.

1519 Le 23 avril, il rédige son testament : il laisse tous ses manuscrits et toutes les œuvres encore dans son atelier à Melzi, dont il fait son exécuteur testamentaire. Il meurt le 2 mai.

BIBLIOGRAPHIE SÉLECTIVE

Monographies

K. Clark, *Leonardo da Vinci. An Account of his Development as an Artist*, Cambridge, 1939 ; nouvelle édition révisée par M. Kemp, 1988.

J. Wasserman, *Leonardo da Vinci*, New York, Abrams, 1975.

M. Kemp, *Leonardo da Vinci. The Marvellous Works of Nature and Man*, Londres, 1981 ; nouvelle édition, 1988.

P. C. Marani, *Leonardo da Vinci*, Milan, Electa, 1994 ; traduction française, Paris, Gallimard, 1996.

A. Chastel, *Leonardo da Vinci*, Turin, Einaudi, 1995.

D. Arasse, *Léonard de Vinci*, Paris, Hazan, 1997.

C. Vecce, *Leonardo*, Rome, 1998 ; traduction française, Paris, Flammarion, 2001.

P. C. Marani, *Léonard de Vinci*, Milan-Arles, Actes Sud-Motta, 1999.

Études de tableaux et essais interprétatifs

P. Valéry, *Introduction à la méthode de Léonard de Vinci*, Paris, Gallimard, 1919 (réédition, 1992).

A. Chastel, *L'Illustre Incomprise. Mona Lisa*, Paris, Gallimard, 1988.

D. Rosand, *The Meaning of the Mark : Leonardo and Titian*, University of Kansas ; traduction française, Paris, Gallimard, 1993.

D. A. Brown, *Leonardo da Vinci. Origins of a Genious*, New Haven et Londres, Yale University Press, 1998.

P. C. Marani et P. Brambilla Barcillon, *Leonardo. L'Ultima Cena*, Milan, Electa, 1999.

Écrits de Léonard

Les Carnets, Paris, Gallimard, 1942.

Scritti letterari, Milan, Rizzoli, 1974.

Traité de la peinture, édition d'André Chastel, Paris, Berger-Levrault, 1987.

Manuscrit sur le vol des oiseaux, Paris, Les Incunables, 1989.

Manoscritti, édition en fac-similé, 41 vol., Florence, Giunti, 1986-1995.

Fables, facéties, énigmes, Paris, Arléa, 2001.

I N D E X

Les noms en italique renvoient aux œuvres de Léonard

Accino da Lecco 56
Adoration des Mages (L') 10, 25, 48, 57, 58, 74, 82
Alberti, Leon Battista 105
Alembert Jean le Rond d' 80
Amboise Charles d' 19
Amboise, Georges d' 102
Anonimo Gaddiano 30, 101
Annonciation (L') 10, 28, 74
Antonello de Messine 39, 91
Aragon, Isabelle d' 40
Aragona, Luigi d' 22
Arcanoti, Galeazzo (comte) 51, 64, 78
Arioste, (Ludovico Ariosto, dit l') 32
Arundel (Thomas Howard, Lord) 46, 78, 80
Ashburnam (Lord) 78

Bachus-Saint Jean-Baptiste 20, 34, 35
Baptème du Christ(Le) 9, 74
Barbaro, Ermolao 108
Bassano da Ponte (famille) 40
Bataille d'Anghiari (La) 16, 34, 48, 64, 77, 80, 82, 107
Belle Ferronnière (La) 12, 39
Bellincioni 52
Bellini, Giovanni 89, 108
Bembo, Bonifacio 84
Bembo, Bernardo 92, 108
Benci (famille) 92
Benci, Giovanni 92, 95
Bernardo di Lapo Nicolini, Luigi di 92
Bessarion (cardinal) 108
Bergognone, (Ambrogio da Fossano, dit) 40
Boltraffio, Giovanni Antonio 10, 39, 40, 54, 84, 89, 114
Borgia, César 16
Botticelli (Sandro Filipepi, dit) 28, 77, 110
Bramante(Donato di Angeli, dit) 13, 20, 41, 44, 49, 84, 93
Bramantino (Bartolomeo

Suardi, dit), 40, 72, 84
Bronzino (Agnolo Allori, dit) 67
Brunelleschi, Filippo 107

Caccia, Gaetano 51
Caravage (Michelangelo Merisi, dit le) 45
Carpaccio, Vittore 108
Carton de Burlington House 18, 20, 42, 99
Casale Monferrato 98
Casio, Gerolamo 40
Caterina da Vinci 7
Cellini, Benvenuto 23, 67
Cène (La) 13, 44, 57, 65, 66, 82
Cerva, Giovanni Paolo della 71
Cesare da Sesto 12, 20, 46, 84
Cimabue, Cenni di Pepi 107
Cima da Conegliano 108
Charles de Valois 66
Charles Quint 66, 84, 93, 107
Chastel, André 68, 106
Clark, Kenneth 64
Claude de France 66
Clouet, François 66
Clouet, Jean 65
Codex Arundel 31, 46, 47, 52
Codex Atlanticus 22, 47, 48,51, 59, 61, 62, 78, 81, 103
Codex Forster I 48
Codex Forster II 48, 49, 63
Codex Forster III 49
Codex Hammer 19, 49, 60, 78
Codex Madrid I 80, 101
Codex Madrid II 80, 101
CodexTrivulziano 51
Codex Urbinas 26, 37, 105, 106
Coke, Thomas (comte de Leicester) 50
Cosme Ier de Médicis 107
Cranach, Lucas 92
Credi, Lorenzo di 10, 30, 76, 92, 110

Crivelli, Lucrezia 39

Dame à l'hermine (La) 12, 39, 54,89
De Beatis, Antonio 22, 23
De Predis, Evangelista 10, 56, 84, 112
De Predis, Giovanni Ambrogio 10, 54, 56, 84, 112
De Predis, Cristoforo 10, 56
De Predis, Bernardino 56
Descartes, René 85
Desiderio da Settignano 74
Diderot, Denis 60, 80
Donatello (Donato di Niccolo di Betto Bandi, dit) 107
Duchamp, Marcel 67

Échevelée (L') 18, 58
Espina, Dom Juan 80
Este, Alfonso d' 52, 82
Este, Beatrice d' 52
Este, Isabelle d' 14, 15
Euclide 49

Farnèse, Alexandre 107
Ficin, Marsile 85
Foppa, Vincenzo 84
Forster, John 48
Francia, Francesco 40
François Ier 14, 22, 23, 47, 65, 68, 82
Fréart de Chambray, Paul 64, 105

Gaffurio, Franchino 91
Gallerani, Cecilia 89
Galli, Francesco 12, 56
Gates, Bill 49, 50
Gavardi, Asola d' 78
Giorgione (Giorgio da Castel franco, dit) 14, 89, 108
Giotto di Bondone 107
Ghirlandaio, Domenico 92
Ghirlandaio, Ridolfo del 111
Guezzi, Giuseppe 50
Guscano da Pavia, Giovanni 89
Hammer, Armand 50
Homme vitruvien (L') 96

Joconde (La) 18, 23, 51, 68
Josquin des Prez 91
Jove, Paolo 30, 70
Jules II 20, 40, 46, 93

Léda et le cygne 18, 48, 77
Léon X 93
Leoni, Pompeo 48, 51, 78, 80, 82
Libri, Guglielmo 78
Lion mécanique (Le) 22
Lippi, Filippo 10, 74
Lomazzo, Giovanni Paolo 12, 23, 71, 84
Louis XII 14, 22, 66
Louise de Savoie 66
Luini, Bernardino 12, 42, 71, 72, 73, 83, 84
Lytton (comte) 48

Madone Benois 10, 57, 74
Madone Dreyfus 10, 57, 74, 76
Manet, Édouard 95
Manuscrits de l'Institut de France (ms. A 36, 79, 87, 104, 105 ; ms. B 31, 79 ; ms. C 54, 79 ; ms. D 79 ; ms. E 79 ; ms. F 79 ; ms. G 79 ; ms. H 79 ; ms. I 79 ; ms. K 79 ; ms. L 16, 79 ; ms. M 80)
Manuscrits de Windsor 82, 103
Manuzio, Aldo 108
Manzoni, Giacomo 78
Marani, Pietro 39
Marguerite de Navarre 66
Martini, Francesco di Giorgio 31
Masaccio (Tommaso di Ser Giovanni, dit) 107
Maximilien d'Autriche Ier 56
Mazenta, Ambrogio 78
Médicis (famille) 15, 63, 107
Médicis, Cosme de 63
Médicis, Julien de 20, 21, 22
Médicis (Laurent de, dit Le Magnifique) 10, 31, 63
Melzi, Francesco 12, 23, 51, 78, 82, 83, 98, 105
Melzi, Orazio 78, 84
Mendes da Silva, Amedeo 112

Michel-Ange (Michelangelo Buonarrotti, dit) 16, 20, 64, 67, 72, 93, 107
Migliorati, Atalante 20

Napoléon Bonaparte 14, 79
Nicolas II 74
Nicolas V 93

Oggiono, Marco d' 12, 114

Pacioli, Luca 12, 44, 49
Paul III 107
Paysage de Santa Maria della Neve 9, 57
Perugin (Pietro Vanucci, dit le) 40
Piero da Vinci 7, 30, 47
Piero della Francesca 60
Politien, Agnolo Ambrogini, dit le 32, 47
Pollaiolo, Antonio del 110
Pomone riante 23
Porta, Gugliemo della 50
Portrait de Ginevra Benci 10, 28, 92, 109
Portrait d'Isabelle d'Este 89
Portrait d'un musicien 12, 39, 54, 91
Poussin, Nicolas 64, 106
Pozzo, Cassiano dal 34, 64, 68
Primatice (Francesco Primaticcio, dit le) 67
Prud'hon, Pierre-Paul 67

Raphaël (Raffaello Santi, dit) 18, 64, 67, 72, 86, 93
Romano, Cristoforo 89
Rosand, David 109
Rosso, Fiorentino (Giovanni Battista di Jacopo) 107
Rustici, Gian Giacomo 101

Sabachnikoff 78
Saint-Jean Baptiste 20, 23, 32, 95
Saint Jérôme 10, 58, 96
Sainte Anne, la Vierge, l'Enfant et l'agneau 20, 23, 52 98
Salaï (Gian Giacomo Caprotti, dit) 12, 34, 96
Sala delle Asse 49, 99
Sangallo, Giuliano da 31
Sarto, Andrea del 107
Savonarola, Girolamo 64

Sebastiano del Piombo 109
Sforza (famille) 52, 102
Sforza, Anna 52
Sforza, Bianca Maria 56
Sforza, Francesco 12, 39, 48, 81, 84, 101
Sforza, Galeazzo Maria 84
Sforza, Gian Galeazzo 40, 84
Sforza, Ludovico 10, 12, 13, 14, 20, 31, 39, 40, 49, 52, 54, 56, 84, 101
Sforza, Massimiliano 20
Sixte IV 93, 112
Specchi, Giovanni degli 22
Solario, Andrea 12, 40, 72, 73, 102

Tedesco, Giorgio 22
Tête de jeune fille (voir Échevelée, L')
Titien (Tiziano Vecellio, dit) 15, 109
Traité de la peinture 39, 54, 91, 105, 106
Trivulzio (famille) 51
Trivulzio, Gian Giacomo 20, 48, 101

Van Eyck, Jan 92
Vasari, Giorgio 7, 9, 20, 30, 34, 35, 64, 67, 68, 83, 91, 96, 101, 105, 107, 110
Verrocchio, Andrea 7, 8, 9, 10, 28, 30, 34, 35, 35, 57, 74, 76, 86, 88, 92, 96, 109, 110
Vierge à l'Enfant au chat 57
Vierge à la grenade (voir Madone Dreyfus)
Vierge à l'œillet 10, 57, 74, 76, 110
Vierge aux rochers (Louvre) 10, 42, 65, 82, 91, 102, 103, 112
Vierge aux rochers (Londres) 54, 114, 115
Visconti (famille) 84
Vivarini (famille) 108

Watteau, Antoine 67

Crédits photographiques : AKG 6, 11, 12, 14-15, 16, 18, 19, 21, 22, 26, 27, 33, 36, 78, 81, 86, 88, 108 ; archives Flammarion 84, 93 ; archives Giunti (Florence) 52 ; archives Electa (Milan) 100 ; Bibliothèque royale de Windsor 70 ; Bridgeman-Giraudon 4-5, 7, 8, 24, 28-29, 43, 44-45, 47, 48, 49b, 50, 53, 56, 58, 59, 60, 61, 62h, 71, 75, 77, 80h, 80b, 83,85, 90, 101, 103, 106, 109, 115 ; Czartoryski Muzeum (Cracovie) 55 ; National Gallery of Art (Washington) 65, 76, 92 ; Réunion des musées nationaux 31, 35, 37, 46, 57, 62b, 63, 69, 89, 94, 97, 98, 99, 113/M. Bellot 66/ G. Blot : 23, 73, 79b, 102, 104/C. Jean 38, 40, 67/ H. Lewandowski 30/ Le Mage 79h/ R.G. Ojeda 13, 25 ; Scala (Florence) 1, 41, 107, 111 ; Victoria and Albert Museum Picture 49h.

Responsable de la collection : Sandrine BAILLY
Coordination éditoriale : Nathalie BEC
Iconographie : Camilla BEVILACQUA
Mise en pages : Thierry RENARD
Fabrication : Mélanie LAHAYE
Photogravure, Flashage : Pollina s.a., Luçon
Couverture imprimée par Pollina s.a., Luçon
Achevé d'imprimer et broché en mars 2002 par Pollina s.a., Luçon

© 2002 Flammarion, Paris
ISBN (Flammarion) : 2-08-010680-5
ISSN : 1275-1502
N° d'édition : FA 0680-01
N° d'impression : L85916
Dépôt légal : avril 2002

Imprimé en France

Page de titre : Léonard de Vinci, *L'Homme vitruvien*, plume et encre sur papier, 34,4 x 24,5 cm. Venise, Galleria dell'Accademia.

Pages 4-5 : Léonard de Vinci, *La Cène*, 1494-1498 (après restauration), tempera et huile sur deux couches de préparation, 4,60 x 8,80 m. Milan, Couvent Santa Maria delle Grazie.